QUESTÕES NO ESTILO ENADE

Magna Campos

QUESTÕES NO ESTILO ENADE

Tudo que você precisa saber
para incrementar esse estilo
em suas avaliações

Copyright © 2019 de Magna Campos
Todos os direitos desta edição reservados à Editora Labrador.

Coordenação editorial
Erika Nakahata

Preparação
Marina Saraiva

Capa e projeto gráfico
Felipe Rosa

Revisão
Isabel Silva

Diagramação
acomte

Dados Internacionais de Catalogação na Publicação (CIP)
Angélica Ilacqua – CRB-8/7057

Campos, Magna
   Questões no estilo ENADE : tudo que você precisa saber para incrementar esse estilo em suas avaliações / Magna Campos. – São Paulo : Labrador, 2019.
   112 p.

   ISBN 978-65-5044-048-0

   1. Testes e medidas educacionais 2. Estudantes – Avaliação 3. Ensino superior – Avaliação – Brasil I. Título

19-2836   CDD 371.27

Índice para catálogo sistemático:
1. Educação - Ensino superior - Elaboração de questões

Editora Labrador
Diretor editorial: Daniel Pinsky
Rua Dr. José Elias, 520 – Alto da Lapa
05083-030 – São Paulo – SP
+55 (11) 3641-7446
contato@editoralabrador.com.br
www.editoralabrador.com.br
facebook.com/editoralabrador
instagram.com/editoralabrador

A reprodução de qualquer parte desta obra é ilegal e configura uma apropriação indevida dos direitos intelectuais e patrimoniais da autora.

A Editora não é responsável pelo conteúdo deste livro. A Autora conhece os fatos narrados, pelos quais é responsável, assim como se responsabiliza pelos juízos emitidos.

*No mundo inundado de informações
irrelevantes, clareza é poder.*
Yuval Noah Harari

SUMÁRIO

APRESENTAÇÃO 9

CAPÍTULO 1. ALGUMA TEORIA É SEMPRE NECESSÁRIA......... 12

1.1 Competências, habilidades e conhecimentos 12
    1.1.1 Competências, habilidades e conhecimentos
    na prática das provas 18
    1.1.2 Para reflexão 38
1.2 O uso da Taxonomia de Bloom como aporte metodológico
para elaboração de questões no estilo ENADE 40
    1.2.1 Na prática: análise da prova de Letras/Bacharelado
    no ENADE 2017 49
    1.2.2 Para reflexão 60
1.3 Casos e situações-problema 62
    1.3.1 A metodologia de ensino por meio
    de situação-problema 68
    1.3.2 Estudo de casos no ENADE 71
    1.3.3 A metodologia de ensino por casos: método do caso 73
    1.3.4 Sintetizando a questão do caso e das
    situações-problema no ENADE 74

CAPÍTULO 2. COMO ELABORAR QUESTÕES DE PROVA
NO ESTILO DO ENADE 76

2.1 A estrutura básica 76
2.2 Formulação de itens discursivos 82
    2.2.1 Itens discursivos comuns 83
    2.2.2 Itens discursivos pautados 87

2.3 Formulação de itens objetivos 92
   2.3.1 Tipos de itens objetivos 94
      2.3.1.1 Item objetivo do tipo "resposta única
      ou resposta simples" 94
      2.3.1.2 Item objetivo do tipo "complementação simples
      ou afirmação incompleta" 97
      2.3.1.3 Item objetivo do tipo "interpretação" 100
      2.3.1.4 Item objetivo do tipo "asserção-razão" 103
      2.3.1.5 Item objetivo do tipo "resposta múltipla
      ou resposta complexa" 107

FINALIZANDO 110

APRESENTAÇÃO

Indiferentemente à controvérsia que pode existir em torno dos exames em larga escala quanto aos erros e aos acertos de suas metodologias, e à representatividade dos estudantes escolhidos para retratar todo o trabalho de um curso inteiro, sem dúvida, o Exame Nacional de Desempenho de Estudantes (ENADE) é, ou deveria ser, uma preocupação constante tanto para quem leciona e/ou coordena cursos quanto para quem faz a gestão de instituições públicas ou privadas de Ensino Superior.

Mas é preciso reconhecer que, para as instituições privadas, o ENADE assume ainda mais relevância, uma vez que o resultado desse exame nacional impacta direta ou indiretamente na obtenção de financiamentos do Programa de Financiamento Estudantil (FIES) e na possibilidade de oferta de bolsas do Programa Universidade para Todos (PROUNI), dois atrativos para quem deseja fazer uma graduação. Não se pode desconsiderar também a imagem pública do curso ou da instituição, que, em certa medida, está atrelada à nota desse exame. Sem contar a triste classificação que a mídia insiste em fazer de acordo com o *ranking* de notas, listando as melhores e as piores instituições de ensino, muitas vezes guiada apenas pela nota do ENADE, ou por uma das notas institucionais que tem o ENADE como um de seus insumos mais importantes, como é o caso do Conceito Preliminar de Curso (CPC); ou como um de seus componentes, como o Índice Geral de Curso (IGC). Em era de grande alcance das redes sociais, quando notícias relacionadas à classificação cruzam as cidades em questão de segundos e chegam, sem grandes dificuldades, ao conhecimento da comunidade acadêmica e não acadêmica, todos esses são fatores que podem impactar na captação e na retenção de graduandos para os cursos da instituição.

Todavia, perceber essa dimensão não significa reduzir o papel do ENADE a seus resultados e impactos socioeconômicos, mas, sem dúvida, não podemos ser irresponsáveis e ignorá-los. A ideia de avaliar habilidades e competências por meio dos conteúdos essenciais de cada curso e com base no perfil profissional a ser formado é uma "inovação" nas avaliações e tende a agregar valor ao processo educacional, quando bem compreendida e explorada adequadamente.

Precisamos criar a cultura institucional de estudar os resultados dos relatórios do ENADE, os quais possuem especificidades do curso e da própria instituição, a fim de corrigir rotas educacionais que podem estar aquém do que se espera de um futuro profissional da área. E esse é um trabalho reflexivo que deve ser feito constantemente dentro das instituições, não apenas nos anos do ENADE e com as turmas que o farão, para que haja uma necessária tomada de decisão voltada ao desenvolvimento de ações práticas, metodológicas e didáticas.

Fato é, entretanto, que há muito desconhecimento sobre as especificidades do ENADE ou dos objetivos de suas provas, bem como do estilo de suas questões, das teorias e das metodologias aplicáveis na prática da sala de aula, o que dificulta, para as instituições públicas ou privadas, a realização de um trabalho eficaz direcionado à melhoria da preparação de seus graduandos para o exame e obtenção, dessa maneira, de resultados mais expressivos quanto à desenvoltura na prova de seu curso.

Neste contexto, este livro é uma tentativa de explicitar de forma didática e clara alguns conhecimentos que têm sido usados pela autora para trabalhar, de forma contínua, a preparação de seus alunos para o exame. Não se tem aqui o propósito de discutir o ENADE, sua validade, sua capacidade representativa ou sua capacidade de considerar especificidades institucionais; nem considerar os acertos ou os erros do exame, tampouco fazer reflexões teóricas profundas. O livro pressupõe que, se o ENADE é uma obrigatoriedade da qual não temos como nos desviar, então que se aprenda a desenvolver alunos com formação de qualidade e coerente, capaz de atender também aos pré-requisitos avaliativos do exame. Neste âmbito, intenciona-se compartilhar com professores, coordenadores e gestores educacionais alguns conhecimentos, construídos ao longo dos anos de estudo sobre a temática, que permitem uso prático em qualquer curso, na realidade das mais diversas salas de aula.

O livro mais se assemelha então a um guia e aproveita elementos de outro manual da autora, publicado em 2015,[1] e disponibilizado gratuitamente por meio da plataforma *on-line* Academia.edu, sabidamente adotado como guia em treinamentos e orientações para formulações de questões no estilo ENADE, em muitas universidades

---

[1] CAMPOS, Magna. *Como elaborar questões de prova no estilo do ENADE*. Mariana: EA, 2015.

e faculdades pelo Brasil afora.² Esta versão em livro, entretanto, como é de se esperar, expande, revê, complementa e detalha o conteúdo daquele outro, interconectando bases teóricas subjacentes aos preceitos do exame e/ou passíveis de serem empregadas com metodologia de elaboração de questões de prova.

Boa leitura e bom trabalho!
Ms. Magna Campos

---

2 Muitos coordenadores e professores deixaram comentários no *site* Academia.edu informando à autora que o estavam adotando como manual orientacional para que o corpo docente de suas instituições elaborassem questões no estilo ENADE.

CAPÍTULO 1
ALGUMA TEORIA É SEMPRE NECESSÁRIA...

1.1 Competências, habilidades e conhecimentos

A Lei nº 10.861, de 2004, em seu artigo 5º, traça como objetivo do ENADE o seguinte:

> § 1º O ENADE aferirá o desempenho dos estudantes **em relação aos conteúdos programáticos** previstos nas **diretrizes curriculares** do respectivo curso de graduação, **suas habilidades** para ajustamento às exigências decorrentes da evolução do conhecimento e **suas competências** para compreender temas exteriores ao âmbito específico de sua profissão, ligados à realidade brasileira e mundial e a outras áreas do conhecimento.[3]

Reforçando tal objetivo, tem-se a publicação da Portaria normativa nº 40, de 2007, republicada em 2010, que consolida disposições sobre o Exame Nacional de Desempenho de Estudantes (ENADE). Nessa portaria, em seu artigo 33-D, explicita-se o objetivo do exame:

> O ENADE aferirá o desempenho dos estudantes em relação aos **conteúdos programáticos** previstos nas **diretrizes curriculares** do respectivo curso de graduação, e as **habilidades e competências** adquiridas em sua formação.[4]

Neste objetivo, tanto na lei quanto na portaria, observa-se a presença de alguns eixos estruturantes que servirão como importantes balizadores no trabalho de pre-

---

3 BRASIL. Lei nº 10.861, de 14 de abril de 2004. Institui o Sistema Nacional de Avaliação da Educação Superior – SINAES e dá outras providências. *Diário Oficial da União*, Brasília, DF, 15 abr. 2004, p. 3. Disponível em: http://www.planalto.gov.br/ccivil_03/_ato2004-2006/2004/lei/l10.861.htm. Acesso em: 19 mar. 2019. [Grifos meus.]

4 BRASIL. Ministério da Educação. Gabinete do Ministro. Portaria normativa nº 40, de 12 de dezembro de 2007 (republicada em 2010). *Diário Oficial da União*, Brasília, DF, 29 dez. 2010, p. 23-31. Disponível em: http://abmes.org.br/arquivos/legislacoes/Portaria_Normativa_40-2007_-_republicada.pdf. Acesso em: 19 mar. 2019. [Grifos meus.]

paração para o ENADE: (i) o primeiro elemento diz respeito aos conteúdos que são avaliados pelo exame, os quais estão relacionados aos conteúdos programáticos explicitados na Diretriz Curricular Nacional (DCN) do curso em questão; (ii) serão avaliadas habilidades desenvolvidas durante o curso; (iii) serão avaliadas competências desenvolvidas durante o curso.

Esta é talvez a observação inicial que qualquer instituição que queira preparar seus graduandos para o ENADE precisa realizar: o exame avaliará competências e habilidades desenvolvidas pelos cursos e usará, para isso, os conteúdos programáticos. Dessa forma, os conteúdos deixam de ser a *finalidade* da avaliação, como é o procedimento comum em vários cursos e instituições (normalmente, avaliamos conteúdos), e passam a ser o *meio* para que se consiga avaliar competências, habilidades e conhecimentos. E isso não implica apenas em um jogo de palavras, de *fim* para *meio*, mas uma mudança de paradigma avaliativo.

Assim, a prova nacional avalia:

> o desenvolvimento de competências e habilidades específicas para os diferentes perfis profissionais; a proficiência dos estudantes com relação aos respectivos conteúdos de seus cursos de graduação.[5]

Desta forma, se não se tiver uma ideia clara sobre o que são competências e habilidades, dificilmente se conseguirá afinar a metodologia de trabalho da instituição ou do curso com a do ENADE.

Um dos nomes consagrados no estudo do conceito de competência é o do suíço Philippe Perrenoud. Perrenoud,[6] que define competência como sendo "a faculdade de mobilizar um conjunto de recursos cognitivos (saberes, informações, práticas etc.) para solucionar com pertinência e eficácia uma série de situações". Ou seja, a noção de competência está relacionada à "capacidade de agir eficazmente em um determinado tipo de situação, apoiada em conhecimentos, mas sem limitar-se a eles".[7] Assim, "para enfrentar uma situação da melhor maneira possível deve-se, de regra, pôr em ação e em sinergia vários recursos cognitivos complementares, entre os quais estão os conhecimentos".[8]

---

5 ANDRADE, Alline Nunes. *Fluxograma da Elaboração da Prova do ENADE*. In: SEMINÁRIO ENADE 2017. Brasília, DF: INEP, 2017. p. 3. Disponível em: http://download.inep.gov.br/educacao_superior/ENADE/seminarios/2017/seminario_ENADE_2017_apresentacao_fluxograma_Alline.pdf. Acesso em: 1º maio 2018.
6 PERRENOUD, Philippe. *Construir as competências desde a escola*. Porto Alegre: Artmed, 1999. p. 30.
7 *Ibidem*, p. 7.
8 *Ibidem*, p. 7.

No Seminário ENADE 2017, promovido pelo Instituto Nacional de Estudos e Pesquisas Educacionais Anísio Teixeira (INEP), na apresentação intitulada *Fluxograma da Elaboração da Prova do ENADE,* Alline Nunes Andrade, da coordenação geral do exame à época, expõe o conceito de competência empregado no exame, o qual se refere à "mobilização de um repertório de recursos (conhecimentos, saberes, escolhas éticas e estéticas, posturas etc.) mediada por processos educacionais e de formação profissional". Portanto, essa definição de competência está relacionada ao *repertório de recursos,* não apenas cognitivos, pois envolve o saber-saber, o saber-ser, o saber-escolher, o saber-mobilizar, e está para além da aquisição de conhecimentos apenas.

É importante observar que o termo "eficácia", mencionado por Perrenoud,[9] fica fora dessa definição. Talvez essa exclusão se deva para evitar a confusão entre competência e desempenho. Neste contexto, pode-se entender desempenho como um indicador de competência, mas nem sempre um desempenho abaixo do esperado significa falta de competência, pois vários fatores podem ter contribuído para tal resultado: de repente, o graduando fez uma avaliação em um dia "difícil" para ele, ou passando por problemas pessoais, ou adoentado, ou não encontrou motivação para se dedicar cuidadosamente à elaboração das respostas da prova.

Mas, curiosamente, no mesmo ano desse Seminário (2017), em um dos documentos oficiais do INEP, no *Relatório síntese de área: Agronomia* (2016), elaborado e divulgado no segundo semestre do ano subsequente à prova, o termo "eficácia" retorna, ao se falar de conjunto de recursos, o qual, de acordo com o relatório compreenderia:

> a mobilização de conhecimentos, saberes, escolhas éticas e estéticas, habilidades, posturas, entre outros, para **permitir agir eficazmente** em um determinado tipo de situação, apoiado em conhecimentos, mas sem limitar-se a eles.[10]

Dessa forma, a ideia de atrelar ao conceito de competência a ideia de eficácia é um pano de fundo importante a se considerar no ENADE. Fato que aproxima tal definição ainda mais daquela proposta por Perrenoud.[11] Entretanto, o próprio conceito de competência tem passado por algumas revisões conceituais na tentativa de ampliá-lo. E o ENADE tem acompanhado essa tentativa de ampliação do conceito, como pode ser notado em outro documento do INEP, no *Relatório síntese de área: Formação Geral,* de 2017, no qual competência é assim conceituada:

---

9 PERRENOUD, *op. cit.*
10 INEP. *Relatório de síntese de área:* Agronomia. Brasília, DF, 2016. p. 363. [Grifos meus.]
11 PERRENOUD, *op. cit.*

mobilização reflexiva e intencional de diferentes recursos (conhecimento, saberes, habilidades, esquemas mentais, afetos, crenças, princípios, funções psicológicas, posturas e outros) necessários para o enfrentamento de uma situação-problema específica.[12]

A ideia de enfrentar uma situação específica, ou seja, em um contexto de ação que demanda operações intencionais, refletidas, e que conta com uma gama maior daquilo que pode ser mobilizado, como habilidades, afetos, crenças, esquemas mentais, princípios e funções psicológicas, além dos conhecimentos e saberes, requer apropriação e convergência progressivas de recursos pessoais e profissionais, além das possíveis transformações de crenças, dos esquemas mentais, das posturas etc., por meio do aprendizado no curso. Daí decorre que trabalhar o desenvolvimento de competências envolve não apenas um processo de continuidade, mas também de ruptura, quando há a transformação ou o abandono de certas crenças ou posturas, por exemplo.

E não se pode desconsiderar que, ainda que a competência ultrapasse os conhecimentos e saberes, não se constitui sem eles; isto é, não se confundem, mas não se excluem. Para desenvolver competências, portanto, é necessário trabalhar a construção de conhecimentos e saberes.

O conceito de habilidade, mencionado tanto na Lei nº 10.861, de 2004, quanto na Portaria Normativa nº 40, de 2010, não é explicitado nos documentos oficiais do ENADE, mas entendido como implicado no conceito de competência. Uma possibilidade de compreensão do termo "habilidade" é seguir a linha de abordagem de Perrenoud,[13] pois, como mencionado anteriormente, o conceito inicial de competência adotado pelo ENADE resguardava, até sua expansão em 2017, grande aproximação com o proposto pelo suíço.

De acordo com o autor, o conceito de habilidade é menos amplo que o de competência e está associado ao modo operatório, à prática do saber-fazer, à sequência desses modos, de induções e deduções, ou seja, a uma série de procedimentos mentais que o indivíduo aciona para resolver uma situação real em que ele precise tomar uma decisão.[14] Sendo assim, uma habilidade não pertence à determinada competência, pois uma mesma habilidade pode contribuir para competências diferentes. Pode-se entender, portanto, que uma mesma competência pode envolver (mobilizar) várias habilidades que se relacionam. Nessa linha, "a competência é uma habilidade de ordem geral, enquanto a habilidade é uma competência de ordem particular, específica". Assim,

---

12 INEP. *Relatório de síntese de área*: Formação Geral. Brasília, DF, 2017. p. 296.
13 PERRENOUD, *op. cit.*
14 PERRENOUD, *op. cit.*

resolver problemas, por exemplo, é uma competência que supõe o domínio de várias habilidades. Calcular, ler, interpretar, tomar decisões, responder por escrito etc., são exemplos de habilidades requeridas para a solução de problemas de aritmética.[15]

Para deixar mais clara a diferenciação entre competência e habilidade, considere um exemplo hipotético pautado em uma situação que parece com frequência nas provas do ENADE, indiferentemente do curso avaliado: a capacidade de inter-relacionar um caso concreto com a interpretação de um gráfico a respeito de uma temática. No Quadro 1, expõe-se a competência e as habilidades necessárias para a resolução da questão.

Quadro 1. Exemplo de competência e habilidades

Competência	Habilidades
Mobilizar repertório de recursos para resolver situação-problema específica Capacidade para resolver uma questão de prova que inter-relacione um caso concreto e um gráfico sobre a diferenciação salarial entre homens e mulheres no mercado brasileiro atual.	*Saber-fazer* • Identificar o comando da questão, para saber exatamente o que lhe é solicitado. • Identificar no caso descrito os aspectos relevantes a serem considerados. • Compreender o caso. • Ser capaz de cruzar informações textuais (caso), visuais e numéricas (gráfico). • Conseguir comparar os índices referentes a homens e mulheres. • Comparar esses índices percentuais em função do tempo (gráfico longitudinal). • Se os dados se apresentarem em números absolutos e a questão perguntar sobre percentuais, saber transformar os números em percentuais. • Conseguir inferir, dos dados cruzados entre a análise do gráfico e o caso, a informação solicitada no comando da questão. • Colocar em prática conhecimentos prévios relacionados à temática da questão, especialmente, para checar se a resposta encontrada tem razoabilidade. • Entre outras...

Fonte: elaboração própria.

---

15 MACEDO, Lino de. Competências e habilidades: elementos para uma reflexão pedagógica. *In*: INEP. *Exame Nacional do Ensino Médio (Enem)*: fundamentação teórico-metodológica. Brasília, DF, 2005. p.18. Não há, pelo menos localizável digitalmente, um documento similar do ENADE, daí o uso deste pelo alinhamento na discussão e da avaliação de competência e habilidade por meio de conteúdos.

É possível observar, com base no exemplo, que, para responder a contento à questão proposta, o graduando precisa mobilizar todos esses recursos e conhecimentos, os quais, por sua vez, necessitam ter sido desenvolvidos anteriormente.

Assim, a proposta das questões do ENADE, como já exposto, é utilizar "os conteúdos (temas) como meio; as questões deverão avaliar o desenvolvimento de habilidades, que permitem aferir o desenvolvimento de determinadas competências".[16]

O Quadro 2 traz um resumo desses elementos no ENADE.

Quadro 2. O foco de avaliação do ENADE

Conteúdos	Competências	Habilidades
Conteúdos programáticos previstos pelas Diretrizes Curriculares Nacionais (DCNs).	Um curso de graduação deve trabalhar para desenvolver certas competências necessárias à formação geral e profissional pretendida, de modo a ajudar o sujeito-estudante a adquirir e desenvolver as condições e/ou recursos que deverão ser mobilizados para resolver as situações complexas relacionadas à formação geral e profissional.	Recursos importantes relacionados ao saber-fazer.

Fonte: elaboração própria.

Decorre daí que o papel das instituições, durante a graduação, é trabalhar para desenvolver, ao menos, aquelas habilidades listadas nas Diretrizes Curriculares Nacionais (DCNs) dos cursos de graduação e propiciar ao graduando situações reais ou hipotéticas, teóricas ou práticas, em que ele tenha que mobilizá-las, para a resolução das situações que lhe são propostas.

Essa é uma mudança de paradigma interessante, como explica o professor Lino de Macedo, um dos autores que escreveu, em 2005, sobre competências e habilidades em um dos documentos oficiais do INEP, de fundamentação teórico-metodológica do Exame Nacional do Ensino Médio (ENEM),[17] com o qual o ENADE resguarda proximidade na concepção e na avaliação de competências.

De acordo com Macedo,[18]

> Até pouco tempo, a grande questão escolar era a aprendizagem – exclusiva ou preferencial – de conceitos. Estávamos dominados pela visão de que conhecer é acumular conceitos; ser inteligente implicava articular logicamente

---

16 INEP. *Guia de elaboração e revisão de itens*: banco nacional de itens – ENADE. Brasília, DF, 2011. p. 7.
17 Não há, pelo menos localizável digitalmente, um documento similar do ENADE, daí o uso deste pelo alinhamento na discussão.
18 MACEDO, *op. cit.*, p. 17.

grandes ideias, estar informado sobre grandes conhecimentos, enfim, adquirir como discurso questões presentes principalmente em textos eruditos e importantes. Nesses termos, dar aula podia ser para muitos professores um exercício intelectual muito interessante. O problema é que muitos alunos não conseguem aprender nesse contexto, nem se sentem estimulados a pensar, pois sua participação nesse tipo de aula não é tão ativa quanto poderia ser. Hoje, essa forma de competência continua sendo valorizada, principalmente, no meio universitário. Mas, com todas as transformações tecnológicas, sociais e culturais, uma questão prática, relacional, começa a impor-se com grande evidência. Temos muitos problemas a resolver, muitas decisões a tomar, muitos procedimentos a aprender. Isso não significa, obviamente, que dominar conceitos deixou de ser importante. Esse tipo de aula, insisto, continua tendo um lugar, mas cada vez mais, torna-se necessário também o domínio de um conteúdo chamado de "procedimental", ou seja, da ordem do "saber como fazer". Vivemos em uma sociedade cada vez mais tecnológica, em que o problema nem sempre está na falta de informações, pois o computador tem, cada vez mais, o poder de processá-las, guardá-las ou atualizá-las. A questão está em encontrar, interpretar essas informações, na busca da solução de nossos problemas ou daquilo que temos vontade de saber.

O autor está, portanto, provocando-nos à reflexão, para que se compreenda que não basta mais trabalhar somente os conhecimentos; é preciso inserir cada vez mais posturas ativas na metodologia de ensino, pois é preciso que se chegue ao saber-fazer para dar-se conta de resolver as mais variadas situações-problema de nosso dia a dia profissional e, mesmo, pessoal.

1.1.1 Competências, habilidades e conhecimentos na prática das provas[19]

O componente de Formação Geral da prova do ENADE de 2017,[20] por exemplo, que é comum a todos os cursos em avaliação, explicitava na Portaria do

---

19 Neste livro-guia, foram usadas essencialmente as provas do ENADE de 2016, 2017 e 2018 para exemplificações, por serem as mais recentes. E, em alguns casos, privilegiou-se mais a prova de 2017 por ser a mais recente dos relatórios já divulgados pelo INEP. Todavia, em uma ou outra situação, podem ter sido usadas questões de provas anteriores.
20 BRASIL. Ministério da Educação. Portaria nº 493, de 6 de junho de 2017. Art. 6º. *Diário Oficial da União*, Brasília, DF, 8 jun. 2017, seção 1, p. 35.

INEP nº 493, em seu artigo 6º, que avaliaria se o estudante havia desenvolvido, no processo de formação, **competências** para:

I. fazer escolhas éticas, responsabilizando-se por suas consequências;
II. ler, interpretar e produzir textos com clareza e coerência;
III. compreender as linguagens como veículos de comunicação e expressão, respeitando as diferentes manifestações étnico-culturais e a variação linguística;
IV. interpretar diferentes representações simbólicas, gráficas e numéricas de um mesmo conceito;
V. formular e articular argumentos consistentes em situações sociocomunicativas, expressando-se com clareza, coerência e precisão;
VI. organizar, interpretar e sintetizar informações para tomada de decisões;
VII. planejar e elaborar projetos de ação e intervenção a partir da análise de necessidades, de forma coerente, em diferentes contextos;
VIII. buscar soluções viáveis e inovadoras na resolução de situações-problema;
IX. trabalhar em equipe, promovendo a troca de informações e a participação coletiva, com autocontrole e flexibilidade;
X. promover, em situações de conflito, diálogo e regras coletivas de convivência, integrando saberes e conhecimentos, compartilhando metas e objetivos coletivos.

Não obstante, o edital do ENADE de 2017 trazia o objetivo geral similar à redação disposta na Lei nº 10.861, de 14 de abril de 2004, e previa em seu artigo 6.2 que:

> O Enade tem como objetivo geral avaliar o desempenho dos Estudantes em relação aos conteúdos programáticos previstos nas diretrizes curriculares, às habilidades e competências para a atualização permanente e aos conhecimentos sobre a realidade brasileira, mundial e sobre outras áreas do conhecimento.[21]

E a Portaria do INEP nº 493, de 6 de junho de 2017, dispunha também que as questões de Formação Geral versariam sobre os seguintes temas:

---

21 INEP. *Edital nº. 26, de 16 de junho de 2017*: Exame Nacional de Desempenho dos Estudantes – ENADE 2017. Brasília, DF, 2017. p. 30.

I. Ética, democracia e cidadania;
II. Cultura e arte;
III. Globalização e política internacional;
IV. Processos migratórios;
V. Vida urbana e vida rural;
VI. Meio ambiente;
VII. Políticas públicas: educação, habitação, saneamento, saúde, transporte, segurança, defesa e questões ambientais;
VIII. Responsabilidade social;
IX. Sociodiversidade e multiculturalismo: violência, tolerância/intolerância, inclusão/exclusão, sexualidade, relações de gênero e relações étnico-raciais;
X. Relações de trabalho;
XI. Ciência, tecnologia e sociedade;
XII. Inovação tecnológica;
XIII. Tecnologias de Informação e Comunicação.

Mas é preciso lembrar que o ENADE, no intuito de alinhavar as competências ao perfil profissional de cada graduação, utiliza tais perfis como balizadores para estipular competências aí inseridas. Os perfis podem ser encontrados nas DCNs específicas de cada curso. No caso dos itens de Formação Geral do ano de 2017, foram indicados os seguintes elementos integrantes do *perfil profissional*:

I. ético e comprometido com as questões sociais, culturais e ambientais;
II. humanista e crítico, apoiado em conhecimentos científico, social e cultural, historicamente construídos, que transcendam o ambiente próprio de sua formação;
III. protagonista do saber, com visão do mundo em sua diversidade para práticas de letramento, voltadas para o exercício pleno de cidadania;
IV. proativo, solidário, autônomo e consciente na tomada de decisões pautadas pela análise contextualizada das evidências disponíveis;
V. colaborativo e propositivo no trabalho em equipes, grupos e redes, atuando com respeito, cooperação, iniciativa e responsabilidade social.

É interessante observar que entre 2016 e 2017 houve um maior detalhamento também do que era denominado perfil profissional. Até 2016, a expressão referia-se ao "conjunto de características do egresso do curso";[22] em 2017, referia-se ao "con-

---

22 INEP. *Relatório síntese de área*: Agronomia. Brasília, DF, 2017. p. 363.

junto de características esperadas do egresso da Educação Superior, construído na articulação entre uma base teórica e uma prática real, e que contempla a identidade pessoal e a identidade profissional".[23] Observa-se uma explicitação direta da associação entre teoria e prática desejada na formação do graduando, capaz de servir tanto à vida pessoal quanto à profissional, bem como possibilitar o intercâmbio de saberes entre o que se traz para a faculdade e o que se aprende nela.

Vale registrar, portanto, que as competências e os perfis avaliados no ENADE são retirados das DCNs dos cursos de graduação. Assim, cada item/questão de prova apresenta uma tridimensionalidade que procura escolher *um elemento do perfil profissional, um conteúdo ou mais* (chamado de objeto do conhecimento) e *os recursos* capazes de evidenciar aquela competência e/ou habilidade.

De acordo com o INEP, no edital do ENADE 2017,

> 6.4 A prova do Enade 2017 terá, no componente de Formação Geral, 10 (dez) questões, sendo 02 (duas) discursivas e 08 (oito) de múltipla escolha, envolvendo situações-problema e estudos de casos.
> 6.5 A prova de Formação Geral tem a concepção dos seus itens e o processo de correção balizados pelos princípios dos Direitos Humanos.
> 6.6 As questões discursivas do componente de Formação Geral avaliam aspectos como clareza, coerência, coesão, estratégias argumentativas, utilização de vocabulário adequado e correção gramatical do texto.

Dessa forma, além das competências e dos conteúdos já arrolados nas portarias e nos editais descritos como exemplo, some-se a eles o balizamento pelos princípios dos direitos humanos, no caso da parte da prova destinada à avaliação da Formação Geral do graduando.

É possível observar como a *matriz descritiva da prova de 2017* abordou esses aspectos nos itens de Formação Geral, o que possibilita compreender melhor como o ENADE elabora as questões. Acompanhe o Quadro 3 a seguir, considerando que *P* é a característica do perfil profissional, *R*, os recursos e *OC*, o objeto do conhecimento (conteúdo).

Antes, porém, é necessário ressaltar que o ENADE compreende como objeto do conhecimento

> os conteúdos que devem ser mobilizados por meio dos recursos (competências e habilidades) pelo profissional dotado do perfil esperado. Algumas

---

23 INEP. *Relatório síntese de área*: Formação Geral. Brasília, DF, 2017. p. 296.

vezes o item solicita a utilização de dois ou três objetos de conhecimento. Neste caso, o item deve ser capaz de articular todos os conteúdos.[24]

Considerando essas informações contextuais, será usada essa estratégia de análise rápida da matriz da prova justamente para que os professores e os coordenadores de curso conheçam um instrumento poderoso – a matriz da prova aplicada – que, não raro, é totalmente desconhecida desses sujeitos. Esse instrumento que é disponibilizado no ano seguinte à prova, no *Relatório síntese da área*, pode auxiliar bastante na compreensão da prova aplicada ao curso e em como as questões abarcaram essa tridimensionalidade, bem como permite que se observe a integração de conteúdos diferentes em uma mesma questão.

Assim, a proposta é que, antes de se pensar o estilo das questões, conheça-se sua formulação e tridimensionalidade. Necessário, portanto, ver a matriz da prova de Formação Geral do ENADE 2017, disposta a seguir.

Quadro 3. Matriz da prova do ENADE 2017, itens específicos de Formação Geral

Nº da questão	Encomenda
Discursiva 01	P 01: ético e comprometido com as questões sociais e ambientais; R 02: ler, interpretar e produzir textos com clareza e coerência; OC 01: ética, democracia e cidadania; OC 08: responsabilidade social; OC 09: sociodiversidade e multiculturalismo.
Discursiva 02	P 02: humanista e crítico, apoiado em conhecimentos científico, social e cultural, historicamente construídos, que transcendam o ambiente próprio de sua formação; R 10: promover, em situações de conflito, diálogo e regras coletivas de convivência, integrando saberes e conhecimentos, compartilhando metas e objetivos coletivos; OC 01: ética, democracia e cidadania; OC 09: sociodiversidade e multiculturalismo.
Questão 01	P 03: protagonista do saber, com visão do mundo em sua diversidade para práticas de letramento, voltadas para o exercício pleno de cidadania; R 04: interpretar diferentes representações simbólicas, gráficas e numéricas de um mesmo conceito; OC 03: globalização e política internacional.

(continua)

---

24 INEP. *Relatório síntese de área*: Agronomia. Brasília, DF, 2016. p. 363.

Quadro 3. Matriz da prova do ENADE 2017, itens específicos de Formação Geral
(*continuação*)

Nº da questão	Encomenda
Questão 02	P 02: humanista e crítico, apoiado em conhecimentos científico, social e cultural, historicamente construídos, que transcendam o ambiente próprio de sua formação; R 06: organizar, interpretar e sintetizar informações para tomada de decisões; OC 05: vida urbana e vida rural; OC 10: relações de trabalho; OC 11: ciência, tecnologia e sociedade.
Questão 03	P 01: ético e comprometido com as questões sociais e ambientais; R 04: interpretar diferentes representações simbólicas, gráficas e numéricas de um mesmo conceito; OC 06: meio ambiente; OC 08: responsabilidade social.
Questão 04	P 03: protagonista do saber, com visão do mundo em sua diversidade para práticas de letramento, voltadas para o exercício pleno de cidadania; R 05: formular e articular argumentos consistentes em situações sociocomunicativas, expressando-se com clareza, coerência e precisão; OC 13: tecnologias de informação e comunicação; OC 11: ciências, tecnologia e sociedade.
Questão 05	P 04: proativo, solidário, autônomo e consciente na tomada de decisões pautadas pela análise contextualizada das evidências disponíveis; R 07: planejar e elaborar projetos de ação e intervenção a partir da análise de necessidades, de forma coerente, em diferentes contextos; OC 12: inovação tecnológica; OC 06: meio ambiente.
Questão 06	P 04: proativo, solidário, autônomo e consciente na tomada de decisões pautadas pela análise contextualizada das evidências disponíveis; R 08: buscar soluções viáveis e inovadoras na resolução de situações-problema; OC 04: processos migratórios; OC 10: relações de trabalho.
Questão 07	P 05: colaborativo e propositivo no trabalho em equipes, grupos e redes, atuando com respeito, cooperação, iniciativa e responsabilidade social; R 09: trabalhar em equipe, promovendo a troca de informações e a participação coletiva, com autocontrole e flexibilidade; OC 02: cultura e arte.
Questão 08	P 05: colaborativo e propositivo no trabalho em equipes, grupos e redes, atuando com respeito, cooperação, iniciativa e responsabilidade social; R 07: planejar e elaborar projetos de ação e intervenção a partir da análise de necessidades, de forma coerente, em diferentes contextos; OC 08: responsabilidade social; OC 01: ética, democracia e cidadania; OC 09: sociodiversidade e multiculturalismo.

Fonte: INEP. *Relatório síntese de área*: Formação Geral. Brasília, DF, 2017.

A primeira observação que se destaca é que as questões, normalmente, envolvem mais de um objeto do conhecimento. Esse é um traço típico do ENADE, exame que explora muito a *interdisciplinaridade* e a *transversalidade dos assuntos*. Mas nota-se que esses objetos do conhecimento têm relação com os temas dispostos na portaria.

Outra observação é que tanto o perfil quanto os recursos (competências) realmente saíram das listas elencadas anteriormente, com base nas portarias específicas publicadas,[25] o que fornece uma base de trabalho interessante para as instituições de Ensino Superior que queiram fazer uma preparação dos graduandos mais direcionada para o ENADE, tendo em vista que há um parâmetro adotado e não é aleatório como muitos acreditam.

É relevante observar, por exemplo, nos itens de Formação Geral desta matriz de prova de 2017, como duas questões, aleatoriamente escolhidas, vieram elaboradas de forma a abordarem os elementos de encomenda na matriz da prova:

Exemplo: Questão 2 da prova de 2017 da parte de Formação Geral[26]

Segundo o relatório da Organização das Nações Unidas para a Alimentação e a Agricultura de 2014, a agricultura familiar produz cerca de 80% dos alimentos no mundo e é guardiã de aproximadamente 75% de todos os recursos agrícolas do planeta. Nesse sentido, a agricultura familiar é fundamental para a melhoria da sustentabilidade ecológica.

Disponível em: http://www.fao.org. Acesso em: 29 ago. 2017 (adaptado).

Considerando as informações apresentadas no texto, avalie as afirmações a seguir:

I. Os principais desafios da agricultura familiar estão relacionados à segurança alimentar, à sustentabilidade ambiental e à capacidade produtiva.

II. As políticas públicas para o desenvolvimento da agricultura familiar devem fomentar a inovação, respeitando o tamanho das propriedades, as tecnologias utilizadas, a integração de mercados e as configurações ecológicas.

III. A maioria das propriedades agrícolas no mundo tem caráter familiar, entretanto o trabalho realizado nessas propriedades é majoritariamente resultante da contratação de mão de obra salariada.

---

25 Relembrando que, nos casos das competências e dos perfis, estes são os mesmos que constam nas DCNs dos cursos de graduação.
26 Todas as questões do ENADE usadas neste livro foram retiradas diretamente do banco de provas disponibilizado em domínio público, no *site* do próprio INEP. Disponível em: http://portal.inep.gov.br/educacao-superior/enade/provas-e-gabaritos. Acesso em: 4 jun. 2019.

É correto o que se afirma em

A) I, apenas.
B) III, apenas.
C) I e II, apenas.
D) II e III, apenas.
E) I, II e III.

Essa Questão 2, do tipo objetiva, apresentava-se como trabalhando o *perfil* "humanista e crítico, apoiado em conhecimentos científico, social e cultural, historicamente construídos, que transcendam o ambiente próprio de sua formação"; no quesito *competência*, se propõe a trabalhar *recursos* voltados para "organizar, interpretar e sintetizar informações para tomada de decisões"; e como *conteúdos ou objetos de conhecimentos*, propõe "a integração entre vida urbana e vida rural, relações de trabalho e ciência, tecnologia e sociedade". Pela análise da questão, é possível verificar que ela atende ao que foi proposto na matriz da prova.

Exemplo: Questão 6 da prova de 2017 da parte de Formação Geral

A imigração haitiana para o Brasil passou a ter grande repercussão na imprensa a partir de 2010. Devido ao pior terremoto do país, muitos haitianos redescobriram o Brasil como rota alternativa para migração. O país já havia sido uma alternativa para os haitianos desde 2004, e isso se deve à reorientação da política externa nacional para alcançar liderança regional nos assuntos humanitários.

A descoberta e a preferência pelo Brasil também sofreram influência da presença do exército brasileiro no Haiti, que intensificou a relação de proximidade entre brasileiros e haitianos. Em meio a esse clima amistoso, os haitianos presumiram que seriam bem acolhidos em uma possível migração ao país que passara a liderar a missão da ONU.

No entanto, os imigrantes haitianos têm sofrido ataques xenofóbicos por parte da população brasileira. Recentemente, uma das grandes cidades brasileiras serviu como palco para uma marcha anti-imigração, com demonstrações de um crescente discurso de ódio em relação a povos imigrantes marginalizados.

Observa-se, na maneira como esses discursos se conformam, que a reação de uma parcela dos brasileiros aos imigrantes se dá em termos bem específicos: os que sofrem com a violência dos atos de xenofobia, em geral, são negros e têm origem em países mais pobres.

SILVA, C. A. S.; MORAES, M. T. A política migratória brasileira para refugiados e a imigração haitiana. *Revista do Direito*. Santa Cruz do Sul, v. 3, n. 50, p. 98-117, set./dez. 2016 (adaptado).

A partir das informações do texto, conclui-se que

A) o processo de acolhimento dos imigrantes haitianos tem sido pautado por características fortemente associadas ao povo brasileiro: a solidariedade e o respeito às diferenças.
B) as reações xenófobas estão relacionadas ao fato de que os imigrantes são concorrentes diretos para os postos de trabalho de maior prestígio na sociedade, aumentando a disputa por boas vagas de emprego.
C) o acolhimento promovido pelos brasileiros aos imigrantes oriundos de países do leste europeu tende a ser semelhante ao oferecido aos imigrantes haitianos, pois no Brasil vigora a ideia de democracia racial e do respeito às etnias.
D) o nacionalismo exacerbado de classes sociais mais favorecidas, no Brasil, motiva a rejeição aos imigrantes haitianos e a perseguição contra os brasileiros que pretendem morar fora do seu país em busca de melhores condições de vida.
E) a crescente onda de xenofobia que vem se destacando no Brasil evidencia que o preconceito e a rejeição por parte dos brasileiros em relação aos imigrantes haitianos é pautada pela discriminação social e pelo racismo.

A Questão 6, também do tipo objetiva dos itens de Formação Geral, apresentava-se para trabalhar o *perfil* "proativo, solidário, autônomo e consciente na tomada de decisões pautadas pela análise contextualizada das evidências disponíveis"; como *competência* se propunha a trabalhar *recursos* voltados a "buscar soluções viáveis e inovadoras na resolução de situações-problema"; e como *conteúdos ou objetos de conhecimentos* visava a integração entre "processos migratórios e relações de trabalho". Aqui também é possível analisar que a questão atende ao proposto na matriz da prova.

Mas, para que não haja a impressão de que isso só ocorra com os itens de Formação Geral, compilam-se aqui algumas informações do componente de conhecimento específico da área de Arquitetura e Urbanismo do ENADE 2017. A prova foi escolhida aleatoriamente, entre os cursos avaliados, mas mantendo o ano de 2017.

Em termos de *competências* avaliadas no curso de Arquitetura e Urbanismo,[27] dispõem-se as seguintes:

I. realizar a leitura e análise de contextos locais, regionais e globais e de todo o espectro de necessidades, aspirações e expectativas individuais e coletivas quanto ao ambiente construído;
II. reconhecer as questões da paisagem que subsidiam as ações de projeto;

---

27 INEP. Portaria nº 469, de 6 de junho de 2017. Art. 6º. *Diário Oficial da União*, Brasília, DF, 8 jun. 2017.

III. conceber projetos de arquitetura, urbanismo e paisagismo em todas as suas escalas;

IV. considerar os conhecimentos da história das artes e da estética na produção de arquitetura, urbanismo e paisagismo;

V. refletir criticamente, na pesquisa e na prática projetual, os conhecimentos de teoria e de história da arquitetura, do urbanismo e do paisagismo, considerando a sua produção no contexto social, cultural, político e econômico;

VI. conceber estudos, análises e planos de intervenção no espaço urbano, metropolitano e regional;

VII. empregar adequadamente materiais e sistemas construtivos no projeto de arquitetura, urbanismo e paisagismo;

VIII. gerenciar, coordenar, planejar e compatibilizar os processos de projeto desenvolvidos por equipes multidisciplinares, desde a concepção até estudos de pós-ocupação;

IX. gerenciar, dirigir e executar obras de arquitetura, urbanismo e paisagismo;

X. definir o sistema estrutural e conceber o projeto estrutural;

XI. reconhecer as condições climáticas, acústicas, lumínicas e energéticas e considerá-las na concepção da arquitetura, do urbanismo e do paisagismo;

XII. planejar e implantar soluções tecnológicas e projetuais adequadas para a preservação, conservação, restauração, reconstrução, reabilitação e reutilização de edificações, conjuntos e cidades;

XIII. conceber, analisar, representar e expressar o projeto de arquitetura, urbanismo e paisagismo através de várias linguagens, tais como desenho, modelos físicos, modelos digitais e sistemas de informações;

XIV. realizar e interpretar estudos topográficos para a organização de espaços em projetos de arquitetura, de urbanismo, de paisagismo e no planejamento urbano e regional.

Essa seção dos componentes específicos da formação trabalhou com os seguintes *perfis profissionais*, retirados da DCN do curso, expressos na Resolução CNE/CES nº 2, de 17 de junho de 2010, e nas normativas posteriores associadas, todos retomados na Portaria nº 469:[28]

I. ético e responsável no âmbito socioambiental e cultural;

II. solidário no exercício da cidadania;

---

28 *Ibidem*, art. 5º.

III. sensível às necessidades dos indivíduos, grupos sociais e comunidade com relação à concepção, organização e construção do espaço, abrangendo o urbanismo, a edificação e o paisagismo;

IV. crítico, reflexivo, criativo e inovador nas questões relacionadas ao seu fazer profissional;

V. resiliente e colaborativo no trabalho em equipes, na compreensão de processos e tomada de decisões com visão integrada nas diversas áreas de sua competência;

VI. comprometido com a conservação e valorização do patrimônio construído e com a proteção do equilíbrio do ambiente natural.

E tomou como referencial os seguintes *conteúdos curriculares:*[29]

I. Estética e História das Artes;
II. Estudos Sociais e Econômicos;
III. Estudos Ambientais;
IV. Desenho de Meios de Representação e Expressão;
V. Teoria da História da Arquitetura, do Urbanismo e do Paisagismo;
VI. Projeto de Arquitetura, de Urbanismo e de Paisagismo;
VII. Planejamento Urbano e Regional;
VIII. Políticas Públicas e habitacionais;
IX. Tecnologia da Construção;
X. Infraestrutura urbana;
XI. Gestão e Coordenação de Projetos;
XII. Gestão e Coordenação de Obras;
XIII. Sistemas Estruturais;
XIV. Conforto Ambiental;
XV. Sustentabilidade;
XVI. Mobilidade e Acessibilidade;
XVII. Técnicas Retrospectivas;
XVIII. Preservação do patrimônio;
XIX. Informática aplicada à Arquitetura e Urbanismo;
XX. Topografia.

As questões que versavam sobre Componentes Específicos na prova assim foram previstas no edital, em seu artigo 6.7, como é de praxe em todas as edições do ENADE:

---

[29] *Ibidem*, art. 7º.

6.7 A prova do Enade 2017 terá no componente específico de cada Área ou Curso Superior de Tecnologia avaliado, 30 (trinta) questões, sendo 03 (três) discursivas e 27 (vinte e sete) de múltipla escolha, envolvendo situações-problema e estudo de casos.[30]

Com base nestes parâmetros, é possível verificar no Quadro 4, a seguir,[31] se, na prova específica de Arquitetura e Urbanismo, o parâmetro tridimensional (perfil, competência e objeto do conhecimento) se mantém e se as competências e os perfis estão relacionados dentro daquilo que foi estabelecido na Portaria nº 469, de 2017, retomados das diretrizes do curso.

Entretanto, a seguir consta a matriz completa, pois como dito anteriormente, há aqui o interesse de divulgar esse importante instrumento de análise: a matriz de prova por área. Dessa forma, tal instrumento pode, inclusive, inspirar algumas instituições a elaborarem uma matriz nesses moldes, para balizar os tais simulados que muitas já realizam, durante a preparação das turmas para o ENADE.

Quadro 4. Matriz da prova do ENADE 2017, itens específicos de Arquitetura e Urbanismo

Nº da questão	Encomenda
Discursiva 03	P 01: ético e responsável no âmbito socioambiental e cultural; R 02: reconhecer as questões da paisagem que subsidiam as ações do projeto; OC 08: políticas públicas e habitacionais.
Discursiva 04	P 02: solidário no exercício da cidadania; R 03: conceber projetos de arquitetura, urbanismo e paisagismo em todas as suas escalas; OC 06: projeto de Arquitetura, de Urbanismo e de Paisagismo; OC 16: mobilidade e acessibilidade.
Discursiva 05	P 06: comprometido com a conservação e valorização do patrimônio construído e com a proteção do equilíbrio do ambiente natural; R 06: conceber estudos, análises e planos de intervenção no espaço urbano, metropolitano e regional; OC 03: estudos ambientais; OC 06: projeto de Arquitetura, de Urbanismo e de Paisagismo; OC 15: sustentabilidade.

(continua)

---

30 INEP, *op. cit.*, 2017.
31 Foi uma opção didática colocá-los no corpo do texto e não no anexo apenas.

**Quadro 4. Matriz da prova do ENADE 2017,
itens específicos de Arquitetura e Urbanismo** (*continuação*)

Nº da questão	Encomenda
Questão 09	P 06: comprometido com a conservação e valorização do patrimônio construído e com a proteção do equilíbrio do ambiente natural; R 12: planejar e implantar soluções tecnológicas e projetuais adequadas para a preservação, conservação, restauração, reconstrução, reabilitação e reutilização de edificações, conjuntos e cidades; OC 07: planejamento urbano e regional; OC 18: preservação do patrimônio.
Questão 10	P 04: crítico, reflexivo, criativo e inovador nas questões relacionadas ao seu fazer profissional; R 10: definir o sistema estrutural e conceber o projeto estrutural; OC 05: teoria e história da Arquitetura, do Urbanismo e do Paisagismo; OC 06: projeto de Arquitetura, de Urbanismo e de Paisagismo; OC 13: sistemas estruturais.
Questão 11	P 05: resiliente e colaborativo no trabalho em equipes, na compreensão de processos e tomada de decisões com visão integrada nas diversas áreas de sua competência; R 10: definir o sistema estrutural e conceber o projeto estrutural; OC 13: sistemas estruturais; OC 06: projeto de Arquitetura, de Urbanismo e de Paisagismo; OC 11: gestão e coordenação de projetos.
Questão 12	P 01: ético e responsável no âmbito socioambiental e cultural; R 05: refletir criticamente, na pesquisa e na prática projetual, os conhecimentos de teoria e de história da Arquitetura, do Urbanismo e do Paisagismo, considerando a sua produção no contexto social, cultural, político e econômico; OC 05: teoria e história da Arquitetura, do Urbanismo e do Paisagismo; OC 06: projeto de Arquitetura, de Urbanismo e de Paisagismo.
Questão 13	P 04: crítico, reflexivo, criativo e inovador nas questões relacionadas ao seu fazer profissional; R 13: conceber, analisar, representar e expressar o projeto de Arquitetura, Urbanismo e Paisagismo através de várias linguagens, tais como desenho, modelos físicos, modelos digitais e sistemas de informações; OC 19: informática aplicada à Arquitetura e Urbanismo; OC 06: projeto de Arquitetura, de Urbanismo e de Paisagismo; OC 09: tecnologia da construção.

(*continua*)

**Quadro 4. Matriz da prova do ENADE 2017,
itens específicos de Arquitetura e Urbanismo** (*continuação*)

Nº da questão	Encomenda
Questão 14	P 05: resiliente e colaborativo no trabalho em equipes, na compreensão de processos e tomada de decisões com visão integrada nas diversas áreas de sua competência; R 13: conceber, analisar, representar e expressar o projeto de Arquitetura, Urbanismo e Paisagismo através de várias linguagens, tais como desenho, modelos físicos, modelos digitais e sistemas de informações; OC 19: informática aplicada à Arquitetura e Urbanismo; OC 07: planejamento urbano e regional.
Questão 15	P 03: sensível às necessidades dos indivíduos, grupos sociais e comunidade, com relação à concepção, organização e construção do espaço, abrangendo o urbanismo, a edificação e o paisagismo; R 11: reconhecer as condições climáticas, acústicas, lumínicas e energéticas e considerá-las na concepção da Arquitetura, do Urbanismo e do Paisagismo; OC 14: conforto ambiental; OC 16: mobilidade e acessibilidade.
Questão 16	P 03: sensível às necessidades dos indivíduos, grupos sociais e comunidade, com relação à concepção, organização e construção do espaço, abrangendo o urbanismo, a edificação e o paisagismo; R 11: reconhecer as condições climáticas, acústicas, lumínicas e energéticas e considerá-las na concepção da Arquitetura, do Urbanismo e do Paisagismo; OC 14: conforto ambiental; OC 16: mobilidade e acessibilidade.
Questão 17	P 01: ético e responsável no âmbito socioambiental e cultural; R 09: gerenciar, dirigir e executar obras de Arquitetura, Urbanismo e Paisagismo; OC 12: gestão e coordenação de obras; OC 15: sustentabilidade.
Questão 18	P 02: solidários no exercício da cidadania; R 06: conceber, estudos, análises e planos de intervenção no espaço urbano, metropolitano e regional; OC 02: estudos sociais e econômicos; OC 07: planejamento urbano e regional; OC 08: políticas públicas e habitacionais.
Questão 19	P 05: resiliente e colaborativo no trabalho em equipes, na compreensão de processos e tomada de decisões com visão integrada nas diversas áreas de sua competência; R 09: gerenciar, dirigir e executar obras de Arquitetura, Urbanismo e Paisagismo; OC 12: gestão e coordenação de obras; OC 06: projeto de Arquitetura, de Urbanismo e de Paisagismo.

(*continua*)

**Quadro 4. Matriz da prova do ENADE 2017,
itens específicos de Arquitetura e Urbanismo** (*continuação*)

Nº da questão	Encomenda
Questão 20	P 01: ético e responsável no âmbito socioambiental e cultural; R 07: empregar adequadamente materiais e sistemas construtivos no projeto de Arquitetura, Urbanismo e Paisagismo; OC 09: tecnologia de construção; OC 15: sustentabilidade; OC 06: projeto de arquitetura, de urbanismo e de paisagismo.
Questão 21	P 04: crítico, reflexivo, criativo e inovador nas questões relacionadas ao seu fazer profissional; R 07: empregar adequadamente materiais e sistemas construtivos no projeto de Arquitetura, Urbanismo e Paisagismo; OC 14: conforto ambiental; OC 09: tecnologia da construção.
Questão 22	P 06: comprometido com a conservação e valorização do patrimônio construído e com a proteção do equilíbrio do ambiente natural; R 12: planejar e implantar soluções tecnológicas e projetuais adequadas para a preservação, conservação, restauração, reconstrução, reabilitação e reutilização de edificações, conjuntos e cidades; OC 05: teoria e história da Arquitetura, do Urbanismo e do Paisagismo; OC 17: técnicas retrospectivas; OC 18: preservação do patrimônio.
Questão 23	P 06: comprometido com a conservação e valorização do patrimônio construído e com a proteção do equilíbrio do ambiente natural; R 12: planejar e implantar soluções tecnológicas e projetuais adequadas para a preservação, conservação, restauração, reconstrução, reabilitação e reutilização de edificações, conjuntos e cidades; OC 07: planejamento urbano e regional; OC 18: preservação do patrimônio.
Questão 24	P 06: comprometido com a conservação e valorização do patrimônio construído e com a proteção do equilíbrio do ambiente natural; R 06: conceber, estudos, análises e planos de intervenção no espaço urbano, metropolitano e regional; OC 03: estudos ambientais; OC 06: projeto de Arquitetura, de Urbanismo e de Paisagismo; OC 15: sustentabilidade.

(*continua*)

**Quadro 4. Matriz da prova do ENADE 2017,
itens específicos de Arquitetura e Urbanismo** (*continuação*)

Nº da questão	Encomenda
Questão 25	P 04: crítico, reflexivo, criativo e inovador nas questões relacionadas ao seu fazer profissional; R 05: refletir criticamente, na pesquisa e na prática projetual, os conhecimentos de teoria e de história da Arquitetura, do Urbanismo e do Paisagismo, considerando a sua produção no contexto social, cultural, político e econômico; OC 05: teoria e história da Arquitetura, do Urbanismo e do Paisagismo; OC 08: políticas públicas e habitacionais.
Questão 26	P 03: sensível às necessidades dos indivíduos, grupos sociais e comunidade, com relação à concepção, organização e construção do espaço, abrangendo o urbanismo, a edificação e o paisagismo; R 06: conceber, estudos, análises e planos de intervenção no espaço urbano, metropolitano e regional; OC 07: planejamento urbano e regional; OC 10: infraestrutura urbana; OC 16: mobilidade e acessibilidade.
Questão 27	P 05: resiliente e colaborativo no trabalho em equipes, na compreensão de processos e tomada de decisões com visão integrada nas diversas áreas de sua competência; R 08: gerenciar, coordenar, planejar e compatibilizar os processos de projeto desenvolvidos por equipes multidisciplinares, desde a concepção até estudos de pós-ocupação; OC 11: gestão e coordenação de projetos; OC 19: tecnologia de construção.
Questão 28	P 01: ético e responsável no âmbito socioambiental e cultural; R 05: refletir criticamente, na pesquisa e na prática projetual, os conhecimentos de teoria e de história da Arquitetura, do Urbanismo e do Paisagismo, considerando a sua produção no contexto social, cultural, político e econômico; OC 05: teoria e história da Arquitetura, do Urbanismo e do Paisagismo; OC 06: projeto de Arquitetura, de Urbanismo e de Paisagismo.
Questão 29	P 06: comprometido com a conservação e valorização do patrimônio construído e com a proteção do equilíbrio do ambiente natural; R 04: considerar os conhecimentos da história das artes e da estética na produção de Arquitetura, Urbanismo e Paisagismo; OC 01: estética e história das artes; OC 18: preservação do patrimônio.

(*continua*)

**Quadro 4. Matriz da prova do ENADE 2017,
itens específicos de Arquitetura e Urbanismo** (*continuação*)

Nº da questão	Encomenda
Questão 30	P 04: crítico, reflexivo, criativo e inovador nas questões relacionadas ao seu fazer profissional; R 03: conceber projetos de arquitetura, de urbanismo e de paisagismo em todas as suas escalas; OC 04: desenho e meios de representação e expressão; OC 06: projeto de Arquitetura, de Urbanismo e de Paisagismo.
Questão 31	P 01: ético e responsável no âmbito socioambiental e cultural; R 01: realizar a leitura e análise de contextos locais, regionais e globais e de todo o espectro de necessidades, aspirações e expectativas individuais e coletivas quanto ao ambiente construído; OC 02: estudos sociais e econômicos; OC 03: estudos ambientais; OC 08: políticas públicas e habitacionais.
Questão 32	P 03: sensível às necessidades dos indivíduos, grupos sociais e comunidade, com relação à concepção, organização e construção do espaço, abrangendo o urbanismo, a edificação e o paisagismo; R 01: realizar a leitura e análise de contextos locais, regionais e globais e de todo o espectro de necessidades, aspirações e expectativas individuais e coletivas quanto ao ambiente construído; OC 03: estudos ambientais; OC 07: planejamento urbano e regional.
Questão 33	P 03: sensível às necessidades dos indivíduos, grupos sociais e comunidade, com relação à concepção, organização e construção do espaço, abrangendo o urbanismo, a edificação e o paisagismo; R 02: reconhecer as questões da paisagem que subsidiam as ações de projeto; OC 05: teoria e história da arquitetura, do urbanismo e do paisagismo; OC 03: estudos ambientais; OC 06: projeto de arquitetura, de Urbanismo e de Paisagismo.
Questão 34	P 06: comprometido com a conservação e valorização do patrimônio construído e com a proteção do equilíbrio do ambiente natural; R 12: planejar e implantar soluções tecnológicas e projetuais adequadas para a preservação, conservação, restauração, reconstrução, reabilitação e reutilização de edificações, conjuntos e cidades; OC 05: teoria e história da Arquitetura, do Urbanismo e do Paisagismo; OC 17: técnicas retrospectivas; OC 18: preservação do patrimônio.

(*continua*)

**Quadro 4. Matriz da prova do ENADE 2017,
itens específicos de Arquitetura e Urbanismo (*continuação*)**

Nº da questão	Encomenda
Questão 35	P 03: sensível às necessidades dos indivíduos, grupos sociais e comunidade, com relação à concepção, organização e construção do espaço, abrangendo o urbanismo, a edificação e o paisagismo; R 01: realizar a leitura e análise de contextos locais, regionais e globais e de todo o espectro de necessidades, aspirações e expectativas individuais e coletivas quanto ao ambiente construído; OC 02: estudos sociais e econômicos; OC 07: planejamento urbano e regional.

Fonte: INEP. *Relatório síntese de área*: Arquitetura e Urbanismo. Brasília, DF, 2017. p. 390-393.

Também nessa matriz da prova específica de Arquitetura e Urbanismo, com suas 30 questões (27 objetivas e 3 discursivas), dispostas no Quadro 4, verifica-se a presença de mais de um objeto do conhecimento em todas as questões propostas, com exceção apenas da primeira questão discursiva de componentes específicos, a questão discursiva de número 3 na prova.[32]

Da mesma forma, as competências e os perfis coincidem com os que estavam na Portaria nº 469, de 2017.

A seguir, é possível observar essa tridimensionalidade diretamente em uma das questões, aleatoriamente escolhida, dessa parte de componentes específicos da prova de Arquitetura e Urbanismo, do ano de 2017.

Exemplo: Questão 3 da prova de Arquitetura e Urbanismo de 2017

Verifica-se nas últimas décadas a implantação maciça de dois modelos tipológicos de habitação de interesse social no Brasil. Um dos modelos caracteriza-se por conjuntos de habitação multifamiliar, verticalizada, que ocupa lotes de grandes extensões, cercados por muros. O outro modelo caracteriza-se por conjuntos de habitação unifamiliar isolada no lote. Ambos os modelos caracterizam-se pela monofuncionalidade, arquitetura homogênea e localização afastada das áreas centrais.

Considerando os dois modelos apresentados, elabore um texto que explique duas consequências relacionadas à qualidade do espaço urbano ou à infraestrutura urbana. (valor: 10,0 pontos)

---

32 As discursivas 1 e 2 são da área de Formação Geral.

RASCUNHO	
1	
2	
3	
4	
5	
6	
7	
8	
9	
10	
11	
12	
13	
14	
15	

Essa questão do tipo discursiva apresentava-se como trabalhando o *perfil* "ético e responsável no âmbito socioambiental e cultural"; como *competência*, visava trabalhar *recursos* voltados para "reconhecer as questões da paisagem que subsidiam as ações de projeto", e propunha como *conteúdos ou objetos de conhecimentos* o tema "políticas públicas e habitacionais". Pela análise da questão, é possível verificar que ela atende ao que foi proposto na matriz da prova e consegue dar conta dessa tridimensionalidade pressuposta.

Para finalizar, é bom que se conheça ainda a *matriz esquemática da prova*, em forma de tabela, pois ela traz um elemento que, por ora, não havia aparecido: nessa matriz esquemática, além de perfil, recursos e conteúdo, aparecem também a orientação, se é para elaborar a questão no estilo discursivo ou objetivo, o nível de dificuldade, se é para atender os níveis: difícil, moderado/mediano e fácil. Essa matriz esquemática não é divulgada, como ocorre com a matriz de prova; faz parte da encomenda dos itens aos elaboradores.

O Quadro 5, usado para exemplificar, foi retirado do *Guia de elaboração e revisão de itens: banco nacional de itens – ENADE*, documento oficial do INEP usado em treinamentos, de 2011.

Quadro 5. Modelo de matriz esquemática de prova

		RECURSOS (competências/habilidades)				
		R1 Recurso 1	R2 Recurso 2	R3 Recurso 3	R4 Recurso 4	R5 Recurso 5
Características do perfil	P1 – perfil profissional (a)	OC 2 e 3 (D)	OC 7 (M)			
	P2 – perfil profissional (b)			OC 4, 5 e 6 (M)		
	P3 – perfil profissional (c)		OC 1 G (M)			
	P4 – perfil profissional (d)		OC 5 (F)	OC 2 (F)		OC 3 FG (D)
*ORIENTAÇÕES PARA INTERPRETAÇÃO: (G) Gráfico; (FG) Figura; (T) Tabela; (D) Difícil; (M) Média; (F) Fácil. Células cinza: questões discursivas.						

Fonte: INEP, *op. cit.*, 2011, p. 5.

As matrizes mais recentes passaram a incluir também se é para fazer uso de gráfico, tabela, figura etc. No exemplo adiante, retirado da apresentação exibida na palestra sobre Banco Nacional de Itens (BNI) do ENADE, proferida por Rosilene Cerri, coordenadora-geral do ENADE em 2014, pode-se encontrar esses elementos dispostos para se ter uma ideia da conjunção de informações que a matriz esquemática apresentava:

Quadro 6. Modelo de matriz esquemática de prova

P: características do perfil profissional
R: recursos (competências/habilidades)
OC: objetos de conhecimento

	R1	R2	R3	R4
P1			OC-3 (d, gráfico)	
P2				
P3				OC-2 (f)
P4		OC-1	OC-4, 8 (f, tabela)	
P5				

Item 1: P1 - R3 - OC-3, difícil, usar gráfico
Item 2: P3 - R4 - OC-2, fácil
Item 3: P4 - R3 - OC-4, 8, fácil, usar tabela

Fonte: CERRI, Rosilene. *Banco Nacional de Itens (BNI) do Exame Nacional de Desempenho dos Estudantes (ENADE)*, 2014. 15 slides. Disponível em: https://www.puc-campinas.edu.br/wp-content/uploads/2016/04/proavi-palestra-sobre-bni-seminarios-enade2014.pdf. Acesso em: 23 jul. 2019.

Com isso, da exposição dos elementos que alicerçam a formulação de questões para o ENADE, ainda que não se tenha aprofundado muito nas abordagens teóricas desta parte, espera-se ter conseguido dar a conhecer, de forma articulada e global, os principais elementos necessários ao conhecimento daqueles que irão trabalhar com tal exame.

1.1.2 Para reflexão

Uma alternativa de trabalho para gestores, professores e coordenadores de cursos avaliarem a viabilidade em suas instituições, com vista a uma formação que também inclua a preparação dos estudantes para o ENADE, é tentar aproximar parte[33] das

---

[33] Desse modo, evita-se que o curso só trabalhe em função do ENADE e perca outras dimensões do processo formativo dos graduandos. A proposta é prevenir que se recaia no "8 ou 80", isto é, ou nada das avaliações se aproxima do ENADE, ou todas se igualem a ele.

avaliações das disciplinas, pontuadas e não pontuadas, ao estilo avaliativo do ENADE. Sendo assim, as avaliações internas realizadas nas mais variadas disciplinas conseguiriam explorar a verificação de competências e de habilidades, e não somente de conhecimentos, retirando, dessa forma, o foco central das avaliações somente do conteúdo ensinado. Com isso, o curso passaria a ter "linguagem" e "foco" avaliativos que, pelo menos em algumas situações, seriam próximos daqueles empregados pelo ENADE, ajudando, com tal tomada de decisão, a eliminar o descompasso que pode existir entre o "como" o graduando é avaliado em sala de aula e o "como" ele é avaliado no ENADE. Neste contexto, até mesmo aquele estranhamento sabido que muitos graduandos enfrentam diante do estilo das questões do ENADE e do "tamanho das questões"[34] poderia ser mitigado ou eliminado no momento da prova.

E essa mudança não precisa ser feita apenas nas turmas que farão o ENADE e no ano dessa avaliação externa; poderia ser uma ação contínua e culturalmente inserida na rotina didática de ensino e de aprendizagem. Afinal, atualmente, na elaboração dos planos de ensino das disciplinas de cursos superiores, já se solicita aos professores que elenquem quais competências da DCN de seu curso serão trabalhadas pela ementa e pelos conteúdos programáticos estabelecidos por ele. Neste âmbito, os professores atualmente já dizem quais competências suas disciplinas mais trabalharão; resta aprender ou aprimorar a elaboração de questões de avaliações para trabalharem a integração dos conteúdos (dentro de uma mesma disciplina ou inter-relacionando disciplinas cursadas), situações-problema e casos capazes de avaliar as habilidades envolvidas, as quais compõem uma dada competência, bem como reconhecer quando se trabalha competências/habilidades mais simples/fáceis, medianas/moderadas ou difíceis/complexas, para assim equilibrar e diversificar as avaliações quanto ao nível solicitado. Junto disso, o conhecimento sobre o estilo das questões também afinará a relação entre avaliação de disciplina e ENADE.

Mas como fazer isso? É justamente esse o desafio dos professores e/ou coordenadores. Fomos, no geral, educados e "treinados" para avaliar conteúdo e, de repente, temos que também avaliar competências e habilidades, e trabalhar com situações-problema e com casos, em vez de usar perguntas diretas sobre o conteúdo... Desafiador, não?

Entretanto, é necessário frisar que isso é possível, desde que se construam alguns conhecimentos básicos, como os que são tratados neste livro, capazes de nortear essa mudança qualitativa nos cursos, a fim de se subsidiarem algumas adaptações nas aulas, nas avaliações e/ou nas atividades não avaliativas, na medida do viável para

---

34 Um estranhamento dos estudantes quanto às questões do ENADE recai sobre o tamanho das questões, tidas, por alguns mais desacostumados ao estilo, como muito longas.

cada realidade, em conjunto com todo o trabalho já feito e voltado à formação dos estudantes, figurando mais essa estratégia "preparatória". Mesmo porque a necessidade de se considerar o perfil e as competências previstas na formação não é uma exigência do ENADE, e sim da DCN do próprio curso.

1.2 O uso da Taxonomia de Bloom como aporte metodológico para elaboração de questões no estilo ENADE

Entre as teorias que podem servir de suporte para o trabalho com questões no estilo ENADE, além da compreensão acerca de competências, habilidades e conhecimentos, temos a Taxonomia de Bloom como uma ferramenta significativa para uso. Dois outros trabalhos acadêmicos publicados como livros tratam dessa teoria e seu uso no ENADE: *Enade e Taxonomia de Bloom: maximização dos resultados nos indicadores de qualidade*,[35] coordenado por Cleyson de Moraes Mello, José Rogério Moura de Almeida Neto e Regina Célia Pentagna Petrillo; e, *Padrão Enade: análise, reflexões e proposições à luz da Taxonomia de Bloom*,[36] organizado por Alexandre Mendes Nicolini e Rui Otávio Bernardes de Andrade, ambos recomendados para quem quiser explorar mais a temática, haja vista que aqui será tratada como um dos tópicos que compõem o livro, e não sua centralidade.

Mais uma vez, ressalva-se que neste livro não será dada sequência a uma discussão aprofundada dessa teoria e de suas críticas, dos pontos e contrapontos. Será realizado um apanhado sintético dela nos aspectos mais facilmente associáveis à elaboração e/ou análise de questões no estilo ENADE. O que, por si, já atende muito bem ao uso proposto.

É preciso recordar, com base nas duas matrizes esquemáticas da prova, dispostas no tópico 1.1.1, que as questões do ENADE são elaboradas com base em competências/habilidades de níveis fáceis/simples, medianas/moderadas e difíceis/complexas. Por isso, seria interessante se ter à mão algum instrumental metodológico que permita classificar as questões formuladas pelo professor, no dia a dia de sua sala de aula, também nesses níveis. Isso sem depender de impressões subjetivas do elaborador somente, tais como: "Ah, eu considero essa questão difícil...", "Essa outra, sem dúvida, é muito fácil...". Pode ser que aquilo que é considerado fácil

---

35 MELLO, Cleyson de Moraes; ALMEIDA NETO, José Rogério Moura de; PETRILLO, Regina Célia Pentagna (coord.). *Enade e Taxonomia de Bloom*: maximização dos resultados nos indicadores de qualidade. Rio de Janeiro: Freitas Bastos, 2017.
36 NICOLINI, Alexandre Mendes; ANDRADE, Rui Otávio Bernardes de (org.). *Padrão Enade*: análise, reflexões e proposições à luz da Taxonomia de Bloom. São Paulo: Atlas, 2015.

para o elaborador seja considerado difícil para o graduando, como normalmente se ouve nas pós-avaliações.

Para não recair nessa armadilha subjetiva da avaliação da aprendizagem, propõe-se o uso da Taxonomia de Bloom, na versão mais atual, revisada por Anderson, de 1999 a 2001, tendo em vista que

> a principal ideia da taxonomia é que aquilo que os educadores esperam que os alunos saibam (englobado na declaração de objetivos educacionais) possa ser arranjado numa hierarquia do nível de menor complexidade para o de maior.[37]

Mas antes de falar da versão revisada, será apresentada brevemente a versão original, para melhor compreensão da taxonomia como um todo.

A Taxonomia de Bloom surge no contexto americano das avaliações universitárias em larga escala, quando a American Psychological Association (Associação Norte-Americana de Psicologia – APA) encarrega, em 1948, um grupo formado por 34 participantes, liderados por Benjamin Bloom, de formarem "força-tarefa" para estabelecer a classificação de objetivos educacionais (taxonomia), de forma a

> Oferecer a base para o desenvolvimento de instrumentos de avaliação e utilização de estratégias diferenciadas para facilitar, avaliar e estimular o desempenho dos alunos em diferentes níveis de aquisição de conhecimento; e estimular os educadores a auxiliarem seus discentes, de forma estruturada e consciente, a adquirirem competências específicas a partir da percepção da necessidade de dominar habilidades mais simples (fatos) para, posteriormente, dominar as mais complexas (conceitos).[38]

Assim, em 1956, foi publicado o manual com a Taxonomia de Bloom, como ficou conhecida. Essa taxonomia, ou classificação, em princípio trabalharia os domínios cognitivo, afetivo e psicomotor. Entretanto, neste livro será tratada somente a taxonomia para o domínio cognitivo, pelo alinhamento com o propósito da unidade que se desenvolve aqui.

---

37 GALHARDI, Antonio César; AZEVEDO, Marília Macorin de. Avaliações de aprendizagem: o uso da Taxonomia de Bloom. *In*: WORKSHOP DE PÓS-GRADUAÇÃO E PESQUISA DO CENTRO PAULA SOUZA, 8. São Paulo, 2013, p. 239. Disponível em: http://www.portal.cps.sp.gov.br/pos-graduacao/workshop-de-pos-graduacao-e-pesquisa/008-workshop-2013/trabalhos/educacao_corporativa/121728_237_247_FINAL.pdf. Acesso em: 20 abr. 2019.

38 FERRAZ, Ana Paula do Carmo Marcheti; BELHOT, Renato Vairo. Taxonomia de Bloom: revisão teórica e apresentação das adequações do instrumento para definição de objetivos instrucionais. *Gest. Prod.*, São Carlos, v. 17, n. 2, p. 422, 2010. Disponível em: http://www.scielo.br/scielo.php?script=sci_arttext&pid=S0104-530X2010000200015. Acesso em: 20 abr. 2019.

Nesse âmbito, tal domínio cognitivo está

> relacionado ao aprender, dominar um conhecimento. Envolve a aquisição de um novo conhecimento, do desenvolvimento intelectual, de habilidade e de atitudes. Inclui reconhecimento de fatos específicos, procedimentos padrões e conceitos que estimulam o desenvolvimento intelectual constantemente.[39]

Esse domínio estabeleceu objetivos do processo de aprendizagem, os quais foram agrupados em seis categorias: conhecimento; compreensão; aplicação; análise; síntese; e avaliação, e são apresentados em hierarquia de complexidade e dependência, cuja ordem é desde os mais simples aos mais complexos. Desta forma, para ascender a uma categoria, é preciso ter obtido um desempenho adequado na anterior, pois a seguinte utiliza capacidades adquiridas nos níveis anteriores.

Uma importante descoberta do meio educacional é atribuída a Bloom e sua equipe, por meio destes estudos que originaram a taxonomia, pois verificaram e comprovaram que

> nas mesmas condições de ensino (desconsiderando as variáveis externas ao ambiente educacional) todos os alunos aprendiam, mas se diferenciavam em relação ao nível de profundidade e abstração do conhecimento adquirido.[40]

O que contrastava com a crença de que, se fossem dadas as mesmas condições de aprendizagem, todos aprenderiam igualmente, salvo quem tivesse algum problema cognitivo de aprendizagem.

A pirâmide a seguir esquematiza os objetivos de aprendizagem por hierarquia, conforme a Taxonomia de Bloom do Domínio Cognitivo:

Figura 1. Hierarquia da Taxonomia de Bloom (domínio cognitivo)

Fonte: baseada em FERRAZ; BELHOT, *op. cit.*

---

39 BLOOM *et al.*, 1956, *apud* FERRAZ; BELHOT, *op. cit.*, p. 422.
40 BLOOM; HASTIN; MADAUS, 1971, *apud* FERRAZ; BELHOT, *op. cit.*, p. 423.

As habilidades mais simples estariam na base da pirâmide e, conforme se complexificam, mais ao topo se localizam; e as que se encontram a meio caminho, seriam as medianas; e assim por conseguinte. Cada nível da pirâmide foi "associado [a] um conjunto de ações (verbos) que auxiliam na classificação de uma questão de avaliação em um dos níveis da taxonomia".[41]

O trabalho educacional, portanto, seria voltado para o desenvolvimento consciente desses diferentes níveis de abstração, dos mais simples aos mais complexos, por meio de um processo bem planejado e que visassem tais objetivos de aprendizagem. A taxonomia trouxe a possibilidade de padronização da linguagem no meio acadêmico, delimitando o escopo de cada objetivo, possibilitando que professores, coordenadores, pesquisadores, entre outros, conseguissem se comunicar de forma mais facilitada.

O Quadro 7 apresenta o detalhamento desses objetivos de aprendizagem, seu escopo e verbos que estariam a eles associados.

Quadro 7. Objetivos de aprendizagem/Taxonomia de Bloom

DIMENSÃO	DESCRIÇÃO	VERBOS
1. Conhecimento	Habilidade de lembrar informações e conteúdos previamente abordados como fatos, datas, palavras, teorias, métodos, classificações, lugares, regras, critérios, procedimentos etc. A habilidade pode envolver lembrar uma significativa quantidade de informação ou fatos específicos. O objetivo principal desta categoria é trazer à consciência esses conhecimentos.	Enumerar, definir, descrever, identificar, denominar, listar, nomear, combinar, realçar, apontar, relembrar, recordar, relacionar, reproduzir, solucionar, declarar, distinguir, rotular, memorizar, ordenar e reconhecer.
2. Compreensão	Habilidade de compreender e dar significado ao conteúdo. Essa habilidade pode ser demonstrada por meio da tradução do conteúdo compreendido para uma nova forma (oral, escrita, diagramas etc.) ou contexto. Nessa categoria, encontra-se a capacidade de entender a informação ou fato, de captar seu significado e de utilizá-la em contextos diferentes.	Alterar, construir, converter, decodificar, defender, definir, descrever, distinguir, discriminar, estimar, explicar, generalizar, exemplificar, ilustrar, inferir, reformular, prever, reescrever, resolver, resumir, classificar, discutir, identificar, interpretar, reconhecer, redefinir, selecionar, situar e traduzir.

(continua)

---

41 GALHARDI; AZEVEDO, *op. cit.*, p. 239.

Quadro 7. Objetivos de aprendizagem/Taxonomia de Bloom (*continuação*)

DIMENSÃO	DESCRIÇÃO	VERBOS
3. Aplicação	Habilidade de usar informações, métodos e conteúdos aprendidos em novas situações concretas. Isso pode incluir aplicações de regras, métodos, modelos, conceitos, princípios, leis e teorias.	Aplicar, alterar, programar, demonstrar, desenvolver, descobrir, dramatizar, empregar, ilustrar, interpretar, manipular, modificar, operacionalizar, organizar, prever, preparar, produzir, relatar, resolver, transferir, usar, construir, esboçar, escolher, escrever, operar e praticar.
4. Análise	Habilidade de subdividir o conteúdo em partes menores com a finalidade de entender a estrutura final. Essa habilidade pode incluir a identificação das partes, análise de relacionamento entre as partes e reconhecimento dos princípios organizacionais envolvidos. Identificar partes e suas inter-relações. Nesse ponto é necessário não apenas ter compreendido o conteúdo, mas também a estrutura do objeto de estudo.	Analisar, reduzir, classificar, comparar, contrastar, determinar, deduzir, diagramar, distinguir, diferenciar, identificar, ilustrar, apontar, inferir, relacionar, selecionar, separar, subdividir, calcular, discriminar, examinar, experimentar, testar, esquematizar e questionar.
5. Síntese	Habilidade de agregar e juntar partes com a finalidade de criar um novo todo. Essa habilidade envolve a produção de uma comunicação única (tema ou discurso), um plano de operações (propostas de pesquisas) ou um conjunto de relações abstratas (esquema para classificar informações). Combinar partes não organizadas para formar um "todo".	Categorizar, combinar, compilar, compor, conceber, construir, criar, desenhar, elaborar, estabelecer, explicar, formular, generalizar, inventar, modificar, organizar, originar, planejar, propor, reorganizar, relacionar, revisar, reescrever, resumir, sistematizar, escrever, desenvolver, estruturar, montar e projetar.
6. Avaliação	Habilidade de julgar o valor do material (proposta, pesquisa, projeto) para um propósito específico. O julgamento é baseado em critérios bem definidos que podem ser externos (relevância) ou internos (organização) e fornecidos ou conjuntamente identificados. Julgar o valor do conhecimento.	Avaliar, averiguar, escolher, comparar, concluir, contrastar, criticar, decidir, defender, discriminar, explicar, interpretar, justificar, relatar, resolver, resumir, apoiar, validar, resenhar, detectar, estimar, julgar e selecionar.

Fonte: baseado em FERRAZ; BELHOT, *op. cit.*

Entretanto, com as mudanças educacionais, socioculturais e tecnológicas das décadas que sucederam à classificação proposta pela Taxonomia de Bloom, surgiu a necessidade de reavaliação e atualização de seu escopo. Nesse âmbito, em 2001, um novo grupo formado por psicólogos, educadores e especialistas em currículos e em avaliação – que incluía Lorin Anderson, que com um trabalho de 1999, provocou a grande junção de forças para a revisão, e David Krathwohl, remanescente do grupo originário –, reunidos a convite da APA, divulgou a revisão e a atualização dessa taxonomia. Tal empreitada também foi realizada após alguns anos de trabalho e publicada no livro *A Taxonomy for Learning, Teaching and Assessing: a Revision of Bloom's Taxonomy for Educational Objectives* [Uma taxonomia para aprender, ensinar e avaliar: uma revisão da Taxonomia de Bloom para objetivos educacionais],[42] assinado por Lorin Anderson e David Krathwohl, passando a ser chamada de Taxonomia de Bloom Revisada (TBR).

Essa taxonomia revisada propôs uma bidimensionalidade combinando os tipos de conhecimentos a serem adquiridos, representados pelos substantivos (dimensão do conhecimento) e o processo utilizado para a aquisição desse conhecimento, representados pelos verbos (dimensão do processo cognitivo). Portanto,

> Ao analisar a relação direta entre verbo e substantivo os pesquisadores chegaram à conclusão de que verbos e substantivos deveriam pertencer a dimensões separadas na qual os substantivos formariam a base para a dimensão conhecimento (o que) e verbo para a dimensão relacionada aos aspectos cognitivos (como). Essa separação de substantivos e verbos, conhecimento e aspectos cognitivos, deu um caráter bidimensional à taxonomia original e direcionou todo o trabalho de revisão.[43]

O Quadro 8 expõe a dimensão do conhecimento (o que ensinar) proposta.

---

42 Tradução nossa. Livro ainda sem publicação em português. ANDERSON, Lorin W. et al. *A Taxonomy for learning, teaching, and assessing: a revision of Bloom's Taxonomy of educational objectives.* New York: Longman, 2001.
43 FERRAZ; BELHOT, op. cit., p. 425.

Quadro 8. Dimensão do conhecimento/Taxonomia de Bloom Revisada (TBR)

CATEGORIA	DESCRIÇÃO	SUBCATEGORIAS
Conhecimento efetivo	Relacionado ao conteúdo básico que o discente deve dominar a fim de que consiga realizar e resolver problemas apoiados nesse conhecimento. Nessa categoria, os fatos não precisam ser entendidos ou combinados, apenas reproduzidos como apresentados.	Conhecimento da terminologia; conhecimento de detalhes e elementos específicos.
Conhecimento conceitual	Relacionado à inter-relação dos elementos básicos num contexto mais elaborado que os discentes seriam capazes de descobrir. Elementos mais simples foram abordados e agora precisam ser conectados. Esquemas, estruturas e modelos foram organizados e explicados. Nesta fase, não é a aplicação de um modelo que é importante, mas a consciência de sua existência.	Conhecimento de classificação e categorização; conhecimento de princípios e generalizações; conhecimento de teorias, modelos e estruturas.
Conhecimento procedural	Relacionado ao conhecimento de "como realizar alguma coisa" utilizando métodos, critérios, algoritmos e técnicas. Neste momento, o conhecimento abstrato começa a ser estimulado, mas dentro de um contexto único, e não interdisciplinar.	Conhecimento de conteúdos específicos, habilidades e algoritmos; conhecimento de técnicas específicas e métodos; conhecimento de critérios e percepção de como e quando usar um procedimento específico.
Conhecimento metacognitivo	Relacionado ao reconhecimento da cognição em geral e à consciência da amplitude e da profundidade de conhecimento adquirido sobre um determinado conteúdo. Em contraste com o conhecimento procedural, esse conhecimento é relacionado à interdisciplinaridade. A ideia principal é utilizar conhecimentos previamente assimilados (interdisciplinares) para a resolução de problemas e/ou a escolha do melhor método, teoria ou estrutura.	Conhecimento estratégico; conhecimento sobre atividades cognitivas, incluindo contextos preferenciais e situações de aprendizagem (estilos); autoconhecimento.

Fonte: baseado em FERRAZ; BELHOT, *op. cit.*

E, na dimensão do processo cognitivo (habilidades/competências), a pirâmide disposta na Figura 2 evidencia o que se propõem nos objetivos de aprendizagem, agora expressos por verbos, que estão mais de acordo com a formulação de objetivos.

Figura 2. Taxonomia de Bloom Revisada (TBR)

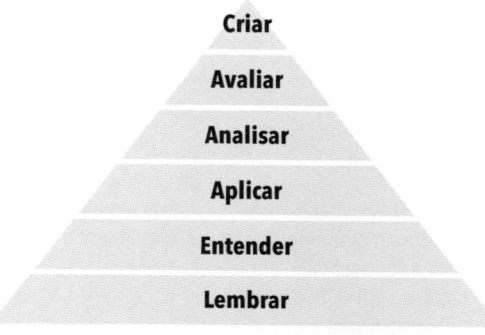

Criar
Avaliar
Analisar
Aplicar
Entender
Lembrar

Fonte: baseada em FERRAZ; BELHOT, *op. cit.*

De acordo com os pesquisadores que revisaram a Taxonomia de Bloom (TBR),[44] é importante dispor "os objetivos em termos de verbos, substantivos e gerúndios, [assim] é possível escolher estratégias, conteúdos e instrumentos de avaliação eficazes e efetivos". Neste contexto, o Quadro 9 apresenta o detalhamento desses objetivos de aprendizagem, seu escopo e verbos que estariam a eles associados.

Quadro 9. Objetivos de aprendizagem/Taxonomia de Bloom Revisada (TBR)

DIMENSÃO	DESCRIÇÃO	VERBOS NO GERÚNDIO QUE REPRESENTAM OS OBJETIVOS
1. Lembrar	Relacionado a reconhecer e reproduzir ideias e conteúdos. Reconhecer requer distinguir e selecionar uma determinada informação, e reproduzir ou recordar está mais relacionado à busca por uma informação relevante memorizada.	Reconhecendo e reproduzindo.

(continua)

---

44 FERRAZ; BELHOT, *op. cit.*, p. 428.

Quadro 9. Objetivos de aprendizagem/Taxonomia de Bloom Revisada (TBR)
(continuação)

DIMENSÃO	DESCRIÇÃO	VERBOS NO GERÚNDIO QUE REPRESENTAM OS OBJETIVOS
2. Entender	Relacionado a estabelecer uma conexão entre o novo e o conhecimento previamente adquirido. A informação é entendida quando o aprendiz consegue reproduzi-la com suas "próprias palavras".	Interpretando, exemplificando, classificando, resumindo, inferindo, comparando e explicando.
3. Aplicar	Relacionado a executar ou usar um procedimento numa situação específica e pode também abordar a aplicação de um conhecimento numa situação nova.	Executando, aplicando, e implementando.
4. Analisar	Relacionado a dividir a informação em partes relevantes e irrelevantes, importantes e menos importantes e entender a inter-relação existente entre as partes.	Diferenciando, analisando, organizando, atribuindo e concluindo.
5. Avaliar	Relacionado a realizar julgamentos baseados em critérios e padrões qualitativos e quantitativos ou de eficiência e eficácia.	Checando, avaliando e criticando.
6. Criar	Significa colocar elementos junto com o objetivo de criar uma nova visão, uma nova solução, estrutura ou modelo utilizando conhecimentos e habilidades previamente adquiridos. Envolve o desenvolvimento de ideias novas e originais, produtos e métodos por meio da percepção da interdisciplinaridade e da interdependência de conceitos.	Generalizando, planejando e produzindo.

Fonte: baseado em FERRAZ; BELHOT, *op. cit.*

A junção da dimensão do conhecimento (o que ensinar) com a dos processos cognitivos (habilidades/competências) formou a Tabela Bidimensional da Taxonomia de Bloom Revisada. Nessa nova classificação dos processos cognitivos, que geram os objetivos de aprendizagem, continua-se a ter a hierarquia da complexidade e abstração; entretanto, essa hierarquia é mais flexível: é possível alcançar um nível superior ainda que o anterior não tenha sido alcançado totalmente, e eles podem se entrelaçar. Assim, por exemplo, uma aula pode começar pela proposta de criação de algo ou com um desafio de resolução de um problema, e, no meio desse caminho de aprendizagem, vá se ensinando ao estudante a respeito dos conceitos, das tipologias e do funcionamento envoltos na problemática, de forma que ele vá adquirindo uma e outra habilidade conjuntamente. Não há a necessidade de se partir da conceituação sempre; aliás, muitas metodologias de ensino trabalham várias habilidades ao mesmo tempo, não necessariamente na ordem hierárquica.

Para unir essas duas dimensões – a do conhecimento e a dos objetivos – o Quadro 10 mostra essa bidimensionalidade e como ela se apresenta.

Quadro 10. Tabela Bidimensional da Taxonomia de Bloom Revisada (TBR)

Dimensão do conhecimento	Dimensão dos objetivos de aprendizagem					
	Lembrar	Entender	Aplicar	Analisar	Avaliar	Criar
Factual/efetivo						
Conceitual/princípios						
Procedural						
Metacognitivo						

Fonte: baseado em FERRAZ; BELHOT, *op. cit.*

O uso desse quadro, nas duas dimensões ou apenas na dimensão dos objetivos de aprendizagem, como é comum ocorrer, *representa possibilidade de tornar o processo de análise ou de elaboração de questões das avaliações mais objetivo*. Fora que, com ele, é possível mensurar de forma mais concreta se se está trabalhando/avaliando habilidades e competências mais simples/fáceis, medianas/moderadas ou difíceis/complexas. O que contribui para a classificação das questões em níveis, conforme propõem as diretrizes do ENADE.

1.2.1 Na prática: análise da prova de Letras/Bacharelado no ENADE 2017

Para exemplificar a aplicação dessa teoria, analisa-se um caso real, constituído aqui da análise das 40 questões da prova do ENADE de Letras/Bacharelado de 2017.

Nessa amostragem, serão consideradas tanto as questões discursivas (D1 a D5) quanto as objetivas (1 a 35). Após a análise da prova, tem-se a classificação das questões disposta no Quadro 11.

Quadro 11. Análise da prova do ENADE de Letras/Bacharelado de 2017

Dimensão do conhecimento	Dimensão dos objetivos de aprendizagem*					
	Lembrar	Entender	Aplicar**	Analisar	Avaliar	Criar
Factual/efetivo	10, 27, 28					
Conceitual/princípios		6, 22, 31			2, 26, 35	
Procedural		D3, 5, 17, 18, 20, 34	1, 3	D5, 4, 7, 9, 14	8, 11, 12, 13, 15, 16, 19, 21, 23, 24, 25, 29, 30, 32, 33	
Metacognitivo					D1, D2, D5	

* As questões foram avaliadas em termos do que predominou para a resolução da questão, pois muitas apresentam mais de um objetivo. Assim, uma questão pode estar vinculada prioritariamente a uma habilidade e, de forma complementar, a outras.
** Algumas questões classificadas como "avaliar", apresentam possibilidade de ser classificadas na categoria do "aplicar"; todavia, como os enunciados e os comandos do que se devia fazer traziam expressos o termo "avalie", escolheu-se classificar como da ordem do "avaliar".

Fonte: elaboração própria.

Com base na classificação expressa no quadro anterior, os gráficos 1, 2 e 3 a seguir ajudam a dar mais visibilidade aos resultados apurados, e, assim, verificar a maior ocorrência no eixo da dimensão do conhecimento (Gráfico 1) e no eixo dos objetivos da aprendizagem (competência/habilidade – Gráfico 2), somado à verificação do nível de complexidade mais cobrado (Gráfico 3).

Gráfico 1. Quantidade de questões por dimensão do conhecimento
na prova do ENADE do curso de Letras/Bacharelado

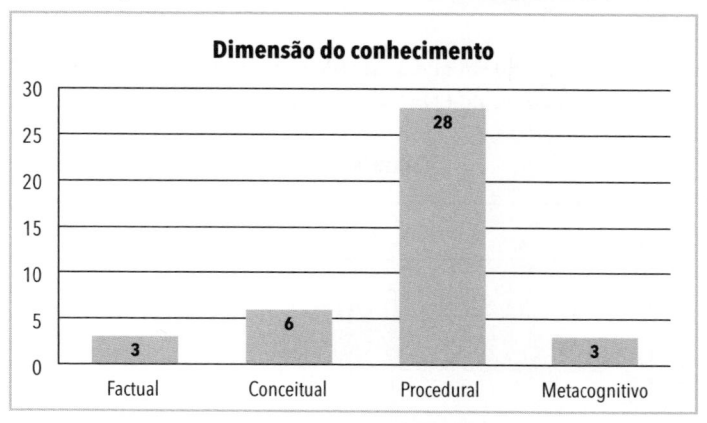

Dimensão do conhecimento

- Factual: 3
- Conceitual: 6
- Procedural: 28
- Metacognitivo: 3

Fonte: elaboração própria.

Dessa sistematização, é possível verificar que a dimensão procedural, ou seja, o conhecimento de como usar o que se ensina, destacou-se bastante em relação às demais ocorrências.

Gráfico 2. Quantidade de questões por objetivos de aprendizagem
na prova do ENADE do curso de Letras/Bacharelado

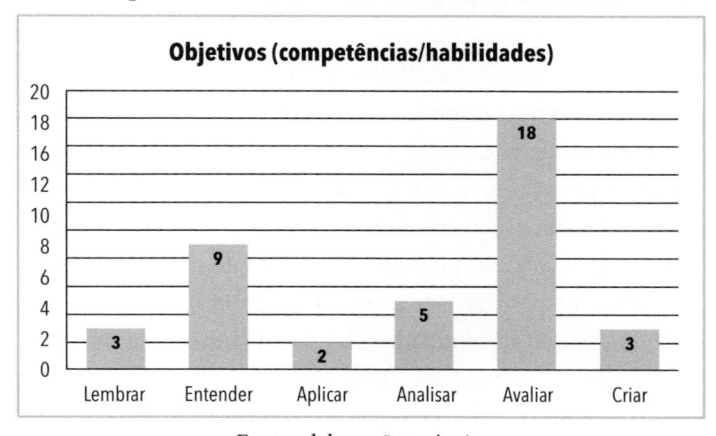

Objetivos (competências/habilidades)

- Lembrar: 3
- Entender: 9
- Aplicar: 2
- Analisar: 5
- Avaliar: 18
- Criar: 3

Fonte: elaboração própria.

Nota-se que os objetivos relacionados à ordem do entender, do analisar e do avaliar destacaram-se na prova, fato que era de se esperar de um prova como o ENADE, que não deve focar em lembrança de nomenclatura, terminologias, conceitos puramente, pois, para a resolução de casos e de situações-problema, muitas vezes, a conceituação e a nomenclatura não bastam.

Gráfico 3. Nível de complexidade de acordo com os objetivos de aprendizagem da TBR na prova do ENADE do curso de Letras/Bacharelado

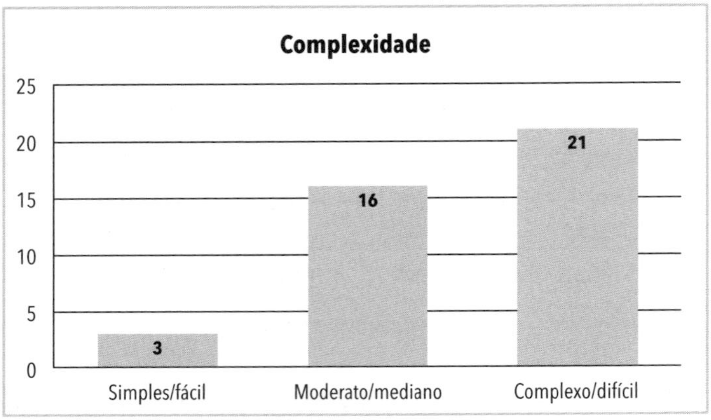

Complexidade

Simples/fácil	Moderato/mediano	Complexo/difícil
3	16	21

Fonte: elaboração própria.

Observa-se no Gráfico 3 que as habilidades/competências mais cobradas na prova estão entre medianas/moderadas (aplicar, entender, analisar) e complexas (avaliar e criar), já a habilidade considerada menos complexa, a de "lembrar", teve poucas ocorrências.

Para materializar ainda mais a análise, serão ilustradas essas ocorrências bidimensionais com algumas questões da prova mencionada que se enquadram nos objetivos. Todavia, é preciso considerar que esta prova em análise foi escolhida por resguardar níveis de complexidades similares aos que têm sido avaliados em outras provas, das áreas de humanas, sociais, exatas e biológicas, as quais não serão aqui sistematizadas, tendo em vista que este é apenas um guia a respeito de como trabalhar para obter desempenho melhor no ENADE e de como elaborar questões no estilo deste exame nacional, e não um estudo aprofundado sobre a taxonomia nas provas.

Assim, a Questão 27 apresentada adiante serve para ilustrar um item da ordem do "factual" e do "lembrar".

Exemplo: Questão 27 da prova de Letras/Bacharelado no ENADE 2017

RECEITA DE SOPA DE AIPIM COM CARNE

Ingredientes:

- 500 g de aipim;
- 1 cebola picada;
- 300 g de paleta;
- 1 dente de alho amassado;
- Cheiro-verde a gosto;
- Pimenta-do-reino a gosto;
- Sal a gosto;
- Azeite para refogar.

Modo de preparo:

Descasque a mandioca e pique em cubos, assim como a paleta. Em uma panela de pressão, doure o alho, adicione a cebola e deixe-a refogar. Em seguida, coloque a carne e sele até secar a água. Adicione a mandioca e despeje água até cobrir os ingredientes. Adicione sal e pimenta. Tampe e deixe pegar pressão. Quando pegar pressão, conte 25 minutos. Então, tire a pressão, abra a panela e adicione o cheiro-verde. Se a mandioca ainda estiver dura, coloque por mais um tempo na pressão; caso contrário, basta servir.

Disponível em: <http://www.tudogostoso.com.br>. Acesso em: 23 ago. 2017 (adaptado).

Considerando o conceito de variação linguística, é correto afirmar que a alternância entre os vocábulos "aipim" e "mandioca" se realiza por meio da variável

A) morfológica.
B) semântica.
C) sintática.
D) fonética.
E) lexical.

A Questão 34 a seguir serve para ilustrar um item da ordem do "procedural" e do "entender".

Exemplo: Questão 34 da prova de Letras/Bacharelado no ENADE 2017

TEXTO 1

A conceituação do termo ideologia tem sido marcada por transformações ao longo da história. Criado pelo pensador francês Desturt de Tracy (1754 - 1836), o termo ideologia, na explicação de Alfredo Bosi, apresenta dois sentidos: "Há uma concepção ampla e flexível de ideologia que se confunde um pouco com a cultura da época, o estilo, em que a ideologia entra como um componente difuso na cultura. E há um sentido que foi desenvolvido principalmente por Marx e Engels no livro *A Ideologia Alemã*, que precede *O Capital*, em que a palavra ideologia tem um sentido negativo – isto é, a ideologia é a racionalização que as classes dominantes fazem do conhecimento da sociedade".

A literatura e, por extensão, outras formas de expressão cultural podem oferecer ao leitor textos comprometidos ideologicamente com um grupo social ou uma ideia ou exercer o papel de uma contraideologia, criando uma literatura de resistência, explica Bosi.

BOSI, A. Entrevista. Poesia como resistência à ideologia dominante. *Revista Aduspm*, n. 58, 2015 (adaptado).

TEXTO 2

Os mendigos assaltaram o depósito do lixão.
Puseram nos sacos sobejos de valor. Foram pelas ladeiras alegres, mas sem abrir a boca, o vento era frio e os dentes de sorrir doíam.
Lá nos viadutos fizeram a partilha.
Quero a boneca pra minha neta.
Que nada, ela é minha!
Sem conversa o chefe saltou sobre o da boneca e dividiu sua cara ao meio com uma giletada. O sangue quente nos dentes...
Todos sacaram suas giletes e retocaram uns aos outros.
O velho barrigudo segurava a torneira da jugular.
A netinha aproveitou para tomar a boneca e correr, os cabelos espetando o vento, um olho aberto e outro fechado, sorriso de brinquedo.
Sãs e salvas, as duas moram no sinal.
A boneca, olho fechado, olho aberto, mão estendida recebe as moedas.
O sujeito do outro lado da rua tem planos para a menina.

PONTES, C. G. O sorriso de brinquedo. In: FERNANDES, R. (Org.). *Contos cruéis: as narrativas mais violentas da literatura brasileira contemporânea*. São Paulo: Geração Editorial, 2006 (adaptado).

Considerando os textos apresentados, conclui-se que a narrativa do texto 2 evidencia

A) uma perspectiva ideológica, identificada pelo interesse do narrador em combater a violência contra crianças por meio da criação literária.
B) uma perspectiva contraideológica, manifestada pela elaboração de um discurso narrativo sensível à violência que atinge sujeitos em situação de marginalidade e vulnerabilidade social.
C) uma perspectiva ideológica e contraideológica, marcada pela defesa dos sujeitos marginalizados e pelo emprego de uma linguagem neutra na abordagem da violência.
D) uma perspectiva ideológica, assinalada pela construção de um discurso panfletário a favor das camadas populares, que sofrem violência social.
E) uma perspectiva contraideológica, alicerçada pelo discurso entrecruzado de narrador e personagens que lutam pela boneca.

A próxima Questão 3 serve para ilustrar um item da ordem do "procedural" e do "aplicar".

Exemplo: Questão 3 da prova de Letras/Bacharelado no ENADE 2017 parte de Formação Geral

O sistema de tarifação de energia elétrica funciona com base em três bandeiras. Na bandeira verde, as condições de geração de energia são favoráveis e a tarifa não sofre acréscimo. Na bandeira amarela, a tarifa sofre acréscimo de R$ 0,020 para cada kWh consumido, e na bandeira vermelha, condição de maior custo de geração de energia, a tarifa sofre acréscimo de R$ 0,035 para cada kWh consumido. Assim, para saber o quanto se gasta com o consumo de energia de cada aparelho, basta multiplicar o consumo em kWh do aparelho pela tarifa em questão.

Disponível em: http://www.aneel.gov.br. Acesso em: 17 jul. 2017 (adaptado).

Na tabela a seguir, são apresentadas a potência e o tempo de uso diário de alguns aparelhos eletroeletrônicos usuais em residências.

Aparelhos	Potência (kW)	Tempo de uso diário (h)	kWh
Carregador de celular	0,010	24	0,240
Chuveiro 3.500 W	3,500	0,5	1,750
Chuveiro 5.500 W	5,500	0,5	2,250
Lâmpada de LED	0,008	5	0,040
Lâmpada fluorescente	0,015	5	0,075
Lâmpada incandescente	0,060	5	0,300
Modem de internet em stand-by	0,005	24	0,120
Modem de internet em uso	0,012	8	0,096

Disponível em: https://www.educandoseubolso.blog.br. Acesso em: 17 jul. 2017 (adaptado).

Considerando as informações do texto, os dados apresentados na tabela, uma tarifa de R$ 0,50 por kWh em bandeira verde e um mês de 30 dias, avalie as afirmações a seguir.

I. Em bandeira amarela, o valor mensal da tarifa de energia elétrica para um chuveiro de 2.500 W seria de R$ 1,05, e de R$ 1,65 para um chuveiro de 5.500 W.
II. Deixar um carregador de celular e um modem de internet em stand-by conectados na rede de energia durante 24 horas representa um gasto mensal de R$ 5,40 na tarifa de energia elétrica em bandeira verde, e de R$ 5,78, em bandeira amarela.
III. Em bandeira verde, o consumidor gastaria mensalmente R$ 3,90 a mais na tarifa de energia elétrica em relação a cada lâmpada incandescente usada no lugar de uma lâmpada LED.

É correto o que se afirma em:

A) II, apenas.
B) III, apenas.
C) I e II, apenas.
D) I e III, apenas.
E) I, II e III.

Já a Questão 9 serve para ilustrar um problema da ordem do "procedural" e do "analisar".

Exemplo: Questão 9 da prova de Letras/Bacharelado no ENADE 2017

A noção de nível para Émile Benveniste revela-se fundamental para os procedimentos de análise linguística, pois, segundo o autor, só o nível pode dar conta "da natureza articulada da linguagem".

Tendo por base a noção de níveis de análise linguística e considerando a arquitetura sintática que compõe o enunciado "os alunos assistiram ao acidente na calçada", avalie as informações a seguir.

I. A ambiguidade presente na estrutura sintática do enunciado deve-se ao fato de ser possível interpretar o enunciado de duas formas: 1. O acidente ocorreu na calçada e os alunos assistiram a ele de outro local; e 2. Os alunos estavam na calçada e assistiram ao acidente que ocorria em outro lugar.

II. Tratando-se da linguagem coloquial, ao se suprimir a preposição que rege o complemento do verbo "assistir" (originalmente, com a acepção de presenciar, ver), muda-se o nível sintático do enunciado, mas não se altera a semântica projetada pela língua.

III. Assim como em "João pediu a José para sair", ocorre, no enunciado em questão, ambiguidade no nível lexical, já que a significação emerge das possibilidades interpretativas que os elementos lexicais implicam.

IV. Conforme a tradição gramatical, a regência do verbo "assistir" (acepção de presenciar, ver) é a mesma do verbo "aspirar" (acepção de desejar); ambos admitem, também, o emprego transitivo direto, havendo alteração no nível sintático em função da semântica projetada pela língua.

É correto apenas o que se afirma em

A) I e III.
B) II e III.
C) II e IV.
D) I, II e IV.
E) I, III e IV.

A Questão 16 também serve para ilustrar um problema da ordem do "procedural" e do "avaliar".

Exemplo: Questão 16 da prova de Letras/Bacharelado no ENADE 2017

A informação e os conteúdos transbordam na *web* e o prefixo *hiper*, também aí, é demandado. Nesse contexto de hiperinformação, as ações de seguir, curtir, taguear e comentar ganham destaque.

O ato de *seguir* alguém, alguma publicação ou instituição é, entre outras possibilidades, uma forma de filtrar algo de interesse no meio de um oceano de conteúdo.

Frente ao que se segue (ou ao que é de alguma forma publicado) na rede, é possível ter diferentes níveis de resposta: algumas acessíveis diretamente a quem publica o conteúdo – curtir, comentar, redistribuir (sem comentar), redistribuir com comentário fundamentado (redistribuição crítica) etc.; outras não tão diretamente acessíveis – publicações com outras redes ou espaços sem referências diretas às origens.

ROJO, R.; BARBOSA, J. P. Gêneros do discurso, multiletramentos e hipermodernidade. In: *Hipermodernidade, multiletramentos e gêneros discursivos*. São Paulo: Parábola, 2015 (adaptado).

Considerando as informações apresentadas no texto, avalie as asserções a seguir e a relação proposta entre elas.

I. Na *web*, os diferentes níveis de publicações/respostas acessíveis, direta ou indiretamente, a quem publica o conteúdo podem ser multimodais.

PORQUE

II. As publicações/respostas, além de poderem se basear em outros textos, podem ser acrescidas de diferentes tipos de linguagens, como imagens, vídeos e áudios.

A respeito dessas asserções, assinale a opção correta.

A) As asserções I e II são proposições verdadeiras, e a II é uma justificativa correta da I.
B) As asserções I e II são proposições verdadeiras, mas a II não é uma justificativa correta da I.
C) A asserção I é uma proposição verdadeira, e a II é uma proposição falsa.
D) A asserção I é uma proposição falsa, e a II é uma proposição verdadeira.
E) As asserções I e II são proposições falsas.

E, por fim, a Questão discursiva 2 serve para ilustrar um item da ordem do "metacognitivo" e do "criar".

Exemplo: Questão discursiva 2 da prova de Letras/Bacharelado no ENADE 2017

A pessoa *trans* precisa que alguém ateste, confirme e comprove que ela pode ser reconhecida pelo nome que ela escolheu. Não aceitam que ela se autodeclare mulher ou homem. Exigem que um profissional de saúde diga quem ela é. Sua declaração é o que menos conta na hora de solicitar, judicialmente, a mudança dos documentos.

Disponível em: http://www.ebc.com.br. Acesso em: 31 ago. 2017 (adaptado).

No chão, a travesti morre
Ninguém jamais saberá seu nome
Nos jornais, fala-se de outra morte
De tal homem que ninguém conheceu

Disponível em: http://www.aminoapps.com. Acesso em: 31 ago. 2017 (adaptado).

Usava meu nome oficial, feminino, no currículo porque diziam que eu estava cometendo um crime, que era falsidade ideológica se eu usasse outro nome. Depois fui pesquisar e descobri que não é assim. Infelizmente, ainda existe muita desinformação sobre os direitos das pessoas *trans*.

Disponível em: https://www.brasil.elpais.com. Acesso em: 31 ago. 2017 (adaptado).

Uma vez o segurança de balada achou que eu tinha, por engano, mostrado o RG do meu namorado. Isso quando insistem em não colocar meu nome social na minha ficha de consumação.

Disponível em: https://www.brasil.elpais.com. Acesso em: 31 ago. 2017 (adaptado).

Com base nessas falas, discorra sobre a importância do nome para as pessoas transgêneras e, nesse contexto, proponha uma medida, no âmbito das políticas públicas, que tenha como objetivo facilitar o acesso dessas pessoas à cidadania. (valor: 10,0 pontos)

	RASCUNHO
1	
2	
3	
4	

5	
6	
7	
8	
9	
10	
11	
12	
13	
14	
15	

Feito tal estudo, espera-se que se tenha compreendido como a Taxonomia de Bloom Revisada pode ser usada para analisar questões de provas em geral, seja nas do ENADE, seja nas de concursos, seja nas do próprio professor. Além disso, traçar o objetivo de aprendizagem junto aos conhecimentos a serem desenvolvidos favorece ao trabalho com competências e habilidades, pois é preciso considerar que metodologia de ensino, objetivos de aprendizagem e avaliações são partes de um mesmo sistema de ensino-aprendizagem!

1.2.2 Para reflexão

Será que as aulas e avaliações têm ensinado aos estudantes e mostrado mais do que as dimensões do "lembrar" e do "entender", permitindo-lhes irem além das explicações de conceitos, categorizações, tipologias, nomenclaturas, exceções, princípios e regras? Será que os professores e/ou coordenadores estariam conseguindo trabalhar conhecimentos que extrapolem a ordem do factual e do conceitual?

Infelizmente, o que se vê em vários cursos são aulas repletas de exposições de conteúdo, de trabalho com a memória e com compreensão de conceito, classificações, regras e exceções, sem alternância com outras habilidades importantes de serem trabalhadas. Esse legado educacional pode não estar dialogando muito bem com a vivência da área profissional, na qual memorizar e compreender são competências importantes, mas não suficientes, pois é preciso propiciar aos estudantes, juntamente a essas duas competências, momentos de aplicação do que foi ensinado ou do que se precisa aprender; de análise e de avaliação de seus aspectos, validade, posicionamentos, justificativas e argumentos, e de efetuar tomada de decisões, levantando-se hipóteses, apontando soluções, caminhos, estratégias, estabelecendo debates e projetos de criação – isso em situações reais ou hipotéticas que contextualizem a prática e não apenas peçam a execução da tarefa. E tudo isso, muitas vezes, integrando conteúdos diversos, pois situações-problema e casos costumam demandar por tal integração de forma multi, inter e transdisciplinar.

É hora, então, de experimentar ampliar o rol de objetivos de aprendizagem e de dimensões do conhecimento a serem trabalhados nas aulas e de levá-los, também, para as avaliações, para saber, de fato, o que se está avaliando em termos de conhecimentos, de competências e de habilidades. E, neste aspecto, a Taxonomia de Bloom Revisada (TBR) pode servir de parâmetro para organização do trabalho e para análises das avaliações. Se não for possível usar a bidimensionalidade, é importante tentar, ao menos, trabalhar com os objetivos de aprendizagem, pois pode ser mais fácil se orientar por eles.

E não há necessidade de as questões, nas atividades avaliativas ou não avaliativas, serem todas no estilo de questões do ENADE, como já se chamou atenção neste capítulo; o importante é se tenha ciência de que se está trabalhando a diversidade dos objetivos de aprendizagem e as várias dimensões do conhecimento. Se o professor considerar inserir em sua práxis – ou seja, a prática alicerçada pelo teoria – a amplitude dos objetivos e conhecimentos, já estará dando um passo importante para o sucesso dos graduandos em relação à formação de competências e habilidades; o importante é lembrar que o trabalho com casos e com situações-problema é essencial para criar o contexto específico para o direcionamento do aprendizado do estudante, de forma a saber com mais precisão o que realmente está avaliando, quando for este o caso, e, em que contexto! Assim, o professor estará mais alinhado com o trabalho de competências, habilidades e conhecimentos, pressupostos no ENADE. E poderá, com isso, ir afinando os estudantes e sintonizando-as com o estilo de questões do exame.

Aliás, essa questão das competências é tão importante, que, além de promover várias alterações didáticas, metodológicas e avaliativas em muitas instituições de ensino no Brasil e em vários outros países, despertou ainda mais atenção após a palestra proferida pelo ex-governador da Flórida (Estados Unidos), Jeb Bush, que defendeu a adoção de um sistema de progressão pautado em competências e não mais em anos/séries, pois, segundo sua argumentação, a tecnologia auxiliaria os professores no trabalho com os estudantes, a fim de avançarem de acordo com sua proficiência nos objetivos de aprendizagem, substituindo o sistema de classes estruturadas em séries.[45] Tal defesa se deu em um importante evento ocorrido em março de 2019, que reúne profissionais ligados à educação e à tecnologia do mundo todo, o South by Southwest (SXSW), que acontece em Austin, Texas (Estados Unidos).

Nota-se, portanto, a importância de se considerar a questão das competências e habilidades não só por causa do ENADE, mas porque tem sinalizado uma mudança de paradigma educacional relevante.

E, para continuar a discussão, serão tratados as situações-problema e os casos, na perspectiva do exame nacional em análise.

1.3 Casos e situações-problema

Já foi mencionado que uma das características importantes da noção de competência é desafiar o sujeito a mobilizar os recursos da situação-problema para tomar decisões favoráveis a seu objetivo. Por isso, é importante que se compreenda bem a que se referem os elementos situação-problema e estudo de casos, especialmente porque são explicitados diretamente pelas diretrizes de provas do ENADE.

A abordagem das questões de prova eram anunciadas assim no *PressKit*, um documento eletrônico que conglomerava as informações básicas do ENADE 2018:

> **Formação Geral** 10 questões (duas discursivas e oito de múltipla escolha) envolvendo *situações-problema e estudos de casos*.
> **Componente Específico** de cada área de avaliação 30 questões (três discursivas e 27 de múltipla escolha) envolvendo *situações-problema e estudo de casos*.

Esses dois elementos sempre aparecem como norteadores nos documentos oficiais que regulamentam tal exame, para delimitar o espectro de abordagem das questões. Só para exemplificar, vamos recolher os trechos que os mencionam em portarias aleatoriamente selecionadas:

---

[45] Disponível em: https://www.sxswedu.com/news/2019/watch-jeb-bush-laura-meckler-on-educations-tomorrowland-video/. Acesso em: 25 abr. 2019.

Engenharia Elétrica em 2017:
A parte relativa ao Componente de Conhecimento Específico da Área de Engenharia Elétrica do ENADE/2017 foi elaborada atendendo à seguinte distribuição: 30 (trinta) questões, sendo 3 (três) discursivas e 27 (vinte e sete) de múltipla escolha, envolvendo situações-problema e estudos de caso.[46]

Medicina em 2016:
Parágrafo único. A prova do ENADE 2016 terá, no componente específico da área de Medicina, 30 (trinta) questões, sendo 03 (três) discursivas e 27 (vinte e sete) de múltipla escolha, envolvendo situações-problema e estudos de casos.[47]

Agronomia em 2010:
Art. 8o A prova do ENADE 2010 terá, em seu componente específico da área de Agronomia, 30 (trinta) questões, sendo 3 (três) discursivas e 27 (vinte e sete) de múltipla escolha, envolvendo situações-problema e estudos de casos.[48]

Psicologia em 2018:
Parágrafo único. A prova do ENADE 2018 terá, no componente de Formação Geral, 10 (dez) questões, sendo 02 (duas) discursivas e 08 (oito) de múltipla escolha, envolvendo situações-problema e estudos de caso.[49]

O INEP, em suas avaliações de larga escala como ENADE e ENEM, compreende situação-problema como sendo "um desafio apresentado no item que reporta o participante do teste a um contexto reflexivo e instiga-o a tomar decisões, o que requer um trabalho intelectual capaz de mobilizar seus recursos cognitivos e operações mentais".[50]

Desta forma, um pré-requisito da situação-problema é que esteja

> contextualizada de maneira que permita ao participante aproveitar e incorporar situações vivenciadas e valorizadas no contexto em que se originam

---

46 INEP. Portaria nº 488, de 6 de junho de 2017. Art. 4º. *Diário Oficial da União*, Brasília, DF, 8 jun. 2017, seção 1, p. 33.
47 Idem. Portaria nº 295, de 8 de junho de 2016. Art. 3º. *Diário Oficial da União*, Brasília, DF, 9 jun. 2016, seção 1, p. 12.
48 Idem. Portaria nº 214, de 13 de julho de 2010. *Diário Oficial da União*, Brasília, DF, 14 jul. 2010, seção 1, p. 828.
49 Idem. Portaria nº 447, de 30 de maio de 2018. Art. 3º. *Diário Oficial da União*, Brasília, DF, 4 jun. 2018, seção 1, p. 13.
50 Idem. *Guia de elaboração e revisão de itens:* ENEM. Brasília, DF, 2010. v. I, p. 8.

para aproximar os temas escolares da realidade extraescolar. Além disso, uma situação-problema não deve se restringir a uma parte específica do item, mas deve permear toda a sua estrutura, ao longo de todo o processo de composição, a começar pela escolha do texto-base, passando pela construção de todas as partes que compõem um item.[51]

O professor Lino de Macedo (Universidade de São Paulo, USP), em sua participação ativa na elaboração de alguns documentos e orientações do INEP em relação às competências e habilidades nos exames de larga escala desenvolvidos, como ENEM e ENADE, chama a atenção para o fato de a situação-problema considerar algo em certa direção ou norte. Pois, segundo ele, a "direção confere valor, pois convida a superar obstáculos, fazer progressos em favor do que é julgado melhor em sua dimensão lógica, social, histórica, educacional, profissional, amorosa",[52] a depender do contexto explorado.

Assim, em uma avaliação, algo do dia a dia, real ou hipoteticamente, pode se materializar como situação-problema. Desse modo, ela pode ser proposta por artifício ou simulação, o que não se configura como pretexto, mas como "contexto de reflexão, colocação de problemas, conflito, raciocínio, tomada de posição, enfrentamento de uma situação, mobilização de recursos, nos limites do espaço, do tempo e dos objetos disponíveis para a realização da tarefa".[53] Por isso, as situações-problema permitem uma articulação entre teoria e prática de forma muito interessante, quando pensadas no contexto das competências.

Sendo assim, na elaboração de uma situação-problema, é preciso refletir para quem ela será direcionada, quais recursos e conhecimentos se deseja avaliar por meio dela, qual conteúdo os estudantes já sabem e o que precisam aprender para resolvê-la.

Uma situação-problema é uma "situação didática na qual se propõe ao sujeito uma tarefa que ele não pode realizar sem efetuar uma aprendizagem precisa. E essa aprendizagem, que constitui o verdadeiro objetivo da situação-problema, se dá ao vencer o obstáculo na realização da tarefa".[54]

No ENADE, as situações-problema aparecem em formatos e composições distintas; desta forma, é interessante colher algumas questões de prova para exemplificar

---

51 *Ibidem*, p. 8-9.
52 MACEDO, Lino de. Situação-problema: forma e recurso de avaliação, desenvolvimento de competências e aprendizagem escolar. *In*: PERRENOUD, Philippe *et al.* (orgs.). *As competências para ensinar no século XXI*: a formação dos professores e o desafio da avaliação. Tradução: Cláudia Schilling, Fátima Murad. Porto Alegre: Artmed, 2007. p. 115.
53 *Ibidem*, p. 115.
54 *Ibidem*, p. 115-116.

algumas destas possibilidades. Os dois exemplos adiante ilustram situações-problema nas provas.

Exemplo: Questão 4 da Prova de Administração de 2018

TEXTO 1

Os fluxos migratórios, fenômenos que remontam à própria história da humanidade, estão em ritmo crescente no mundo, tornando urgentes, em todos os países, as discussões sobre políticas públicas para migrantes. Segundo relatório da Organização das Nações Unidas (ONU), 65,6 milhões de pessoas foram deslocadas à força no mundo em 2016.

Em relação aos destinos de acolhimento, no mesmo período, dados oficiais do Alto Comissariado das Nações Unidas para Refugiados (ACNUR) apontam que 56% das pessoas deslocadas no mundo foram acolhidas por países da África e do Oriente Médio, 17% da Europa e 16% das Américas. Considerando o contexto brasileiro, de 2010 a 2015, a população de migrantes vindos de países da América do Sul cresceu 20% e alcançou o total de 207 mil pessoas.

Disponível em: https://nacoesunidas.org/população-de-migrantes-no-brasil-aumentou-20-no-
-periodo-2010-2015-revela-agencia-da-onu/. Acesso em: 11 set. 2018 (adaptado).

TEXTO 2

Recentemente, a situação de imigração no Brasil, por ondas de deslocamento de pessoas nas fronteiras, tem sido percebida cotidianamente em matérias divulgadas pela grande mídia, principalmente no caso do estado de Roraima, que tem notificado a entrada de um grande número de venezuelanos. Somente em solicitações, na condição de refugiados, os venezuelanos formalizaram 17.865 pedidos de acolhida ao Brasil em 2017.

Disponível em: http://www.acnur.org/portugues/dados-sobre-refugio/dados-sobre-refugio-no-
-brasil/. Acesso em: 11 set. 2018 (adaptado).

Considerando as informações apresentadas, avalie as afirmações a seguir.

I. A situação econômica dos países é fator determinante dos padrões de contorno dos deslocamentos internacionais e está representada na distribuição geográfica dos continentes que mais acolhem as pessoas deslocadas no mundo.

II A América do Sul é a região em que há maior acolhimento de povos que, em razão de conflitos internos em seus países, têm se deslocado em massa.

III. As situações de conflitos entre brasileiros e venezuelanos apontam para a necessidade de revisão da infraestrutura e das políticas públicas voltadas aos migrantes e refugiados.

IV. A sociedade brasileira, caracterizada pela solidariedade e tolerância, apresenta baixa resistência e rejeição aos imigrantes, sendo os conflitos recentes ocorridos na fronteira explicados pela omissão estatal em relação a políticas de acolhimento.

É correto apenas o que se afirma em

A) I.
B) III.
C) I e IV.
D) II e III.
E) II e IV.

Essa questão questionava acerca da problemática dos fluxos migratórios e do crescente número de refugiados, mostrando-a como não sendo exclusiva de nossos tempos ou de um país, mas entrelaçando esta questão ao crescente número de imigrantes venezuelanos que, por causa da crise no país vizinho, buscam refúgio no Brasil, como um movimento de ondas migratórias (contextualização). Com base nessa problemática, pede-se que o estudante avalie algumas assertivas e escolha a correta.

Exemplo: Questão discursiva 5 da Prova de Engenharia de Produção de 2017

Uma empresa produz circuitos eletrônicos integrados em um turno de trabalho de oito horas por dia. Cada unidade produzida (circuito eletrônico) passa, em sua linha de montagem, por oito tarefas.

A tabela a seguir apresenta a duração (em minutos) e a precedência das tarefas.

Tarefa		Duração	Precedência
Receber os produtos e soltar os cabos	A	6	-
Posicionar os cabos e os ligantes de forma contígua	B	4	A
Inserir os ligantes nos terminais de diferenciação	C	3	B
Aplicar revestimento no ligante componente	D	5	B, C
Montar a base e posicionar os componentes	E	4	D
Fixar os aterradores de proteção	F	5	D
Lixar a base e aplicar adesivos	G	2	E, F
Fixar componentes na base e retirar rebarbas	H	1	G

Considerando essas informações e a necessidade da empresa de produzir 1 200 peças em um mês com 25 dias úteis, faça o que se pede nos itens a seguir.

a) Calcule o tempo de ciclo (em minutos/unidade produzida) no referido mês. (valor: 3,0 pontos)

b) Projete os centros de trabalho agrupando tarefas sequenciais de forma a minimizar o desbalanceamento da linha de montagem. (valor: 7,0 pontos)

	RASCUNHO
1	
2	
3	
4	
5	
6	
7	
8	
9	
10	
11	
12	

13	
14	
15	

1.3.1 A metodologia de ensino por meio de situação-problema

Em um contexto de discussão sobre o ensino por meio de situações-problema, Macedo[55] cita Perrenoud,[56] quando elenca dez características de uma situação-problema, que são as seguintes:

1. Uma situação-problema é organizada em torno da resolução de um obstáculo pela classe, obstáculo previamente bem identificado.

2. O estudo organiza-se em torno de uma situação de caráter concreto, que permita efetivamente ao aluno formular hipóteses e conjecturas. Não se trata, portanto, de um estudo aprofundado, nem de um exemplo *ad hoc*, de caráter ilustrativo, como encontrados nas situações clássicas de ensino (inclusive em trabalhos práticos).

3. Os alunos veem a situação que lhes é proposta como um verdadeiro enigma a ser resolvido, no qual estão em condições de investir. Esta é a condição para que funcione a devolução: o problema, ainda que inicialmente proposto pelo professor, torna-se "questão dos alunos".

4. Os alunos não dispõem, no início, dos meios para alcançar a solução buscada, devido à existência do obstáculo a transpor para chegar até ela. É a necessidade de resolver que leva o aluno a elaborar ou a se apropriar coletivamente dos instrumentos intelectuais necessários à construção da solução.

5. A situação deve oferecer resistência suficiente, levando o aluno a investir nela seus conhecimentos anteriores disponíveis, assim como suas representações, de modo que ela leve a questionamentos e à elaboração de novas ideias.

6. Entretanto, a solução não deve ser percebida como fora de alcance pelos alunos, não sendo a situação-problema uma situação de caráter problemático. A atividade deve operar em uma zona próxima, propícia ao desafio intelectual a ser resolvido e à interiorização das "regras do jogo".

---

55 MACEDO, *op. cit.*, 2007, p. 117.
56 PERRENOUD, Phillipe. *Dez competências para ensinar*. Porto Alegre: Artmed, 2000.

7. A antecipação dos resultados e sua expressão coletiva precedem a busca efetiva da solução, fazendo parte do jogo o "risco" assumido por cada um.
8. O trabalho da situação-problema funciona, assim, como um debate científico dentro da classe, estimulando os conflitos sociocognitivos potenciais.
9. A validação da solução e sua sanção não são dadas de modo externo pelo professor, mas resultam do modo de estruturação da própria situação.
10. O reexame coletivo do caminho percorrido é a ocasião para um retorno reflexivo, de caráter metacognitivo; auxilia os alunos a se conscientizarem das estratégias que executaram de forma heurística e a estabilizá-las em procedimentos disponíveis para novas situações-problema.

Portanto, nesta metodologia de ensino por meio de resolução de situações-problema, o caráter de desafiar os estudantes a encontrarem caminhos e soluções para um problema contextualizado é norteador, mas a atuação responsável, atenta, propositiva e interativa do professor é primordial.

Uma das críticas feitas a essa metodologia, quando usada de forma equivocada ou superficial, é que, muitas vezes, o papel do professor se reduz ao de observar o que os alunos estão fazendo, deixando-os buscarem conhecer e construir abstrações sozinhos quanto à relação entre teoria e prática, prática e teoria. Dessa maneira, os próprios graduandos são deixados a aprenderem por si mesmo; o professor se torna um espectador do processo, ainda que o resultado não seja aprendizado, não seja produção de conhecimentos ou de competências...

Ensinar usando metodologias que trabalhem com a resolução de situações-problema envolve saber escolher situações que demandarão, em muitas ocasiões, estratégias e recursos didáticos diversos, bem como posturas diversas do professor, pois haverá momentos em que a melhor estratégia didática será se posicionar ativamente como (inter)mediador do processo; haverá outros que a melhor estratégia será se posicionar como aquele que ensina por meio de exposições feitas no momento adequado; outros momentos em que será melhor se posicionar como o indagador, o observador, o debatedor, o provocador, o interventor – necessárias para ditar ou redirecionar percursos –; ainda haverá momentos que a melhor será se posicionar como o avaliador, o diagnosticador, para consolidar processos a fim de se alcançar objetivos traçados. Sendo assim, qualquer uma dessas metodologias não delega ao professor o papel de espectador do processo; se alguns assim o fazem é porque não compreenderam de fato a proposta.

Enfim, a proposta é que o professor seja professor, e não apenas um espectador, ou apenas um facilitador do processo de ensino-aprendizagem, ou um autor, ou um mediador, ou um curador, exclusivamente, mas que ele seja um agente que saiba mudar sua forma de atuação, nesses diferentes papéis, conforme a atividade ou necessidade dos estudantes. Afinal, uma sala de aula, seja ela universitária ou não, é complexa demais para que não se tenha um repertório didático e metodológico variado para uso em prol de melhores resultados. O ensino tradicional bem-feito precisa dialogar e interagir mais na sala de aula com as inovações trazidas pelos estudos metodológicos recentes, não precisam se excluir! Estamos na era em que a hibridização tem mais sentido, às vezes; na era do um *e* outro, e não mais do um *ou* do outro, como nos aponta Zygmunt Bauman, em seu memorável livro *Modernidade líquida*.[57]

É preciso considerar que a noção de "atividade", de processo ativo, não pertence a uma ou a outra metodologia (ativa ou passiva), exclusivamente, mas ao fazer do professor e dos alunos em sala de aula. Muitos professores em suas aulas expositivas conseguem quebrar a exposição, fazendo questionamentos, propondo análises, desafios e problemas ou o uso de algum recurso tecnológico que faz com que a aula expositiva se torne um híbrido capaz de mesclar a postura passiva e ativa dos alunos frente ao que lhes é ensinado. Usar situações do cotidiano em sua forma real ou hipotética, seja na universidade, seja na escola, tem o objetivo de relacionar realidade e ciência, ciência e realidade, teoria e prática, prática e teoria, complementando-as ou contrastando-as, de forma a expandir e produzir conhecimentos, competências e habilidades.

Existe também, já há algumas décadas, uma metodologia de ensino muito bem estruturada que é denominada de Aprendizagem Baseada em Problemas (ABP ou PBL, em inlgês *Problem Based Learning*), que entra naquilo que hoje se convencionou designar metodologia ativa, e que pode favorecer ao trabalho com situações-problema, oferecendo ao professor mais um recurso metodológico para suas aulas.

Conceitualmente, pode-se considerar que a PBL é:

> uma metodologia de ensino-aprendizagem caracterizada pelo uso de problemas da vida real para estimular o desenvolvimento do pensamento crítico e das habilidades de solução de problemas e a aquisição de conceitos fundamentais da área de conhecimento em questão. [...] uma metodologia de ensino-aprendizagem em que um problema é usado para iniciar, direcionar, motivar e focar a aprendizagem, diferentemente das metodologias convencionais que utilizam problemas de aplicação ao final da apresentação de um conceito ou conteúdo.[58]

---

57 BAUMAN, Zygmunt. *Modernidade líquida*. Rio de Janeiro: Zahar, 2001.
58 RIBEIRO, Roberto de Camargo. *Aprendizagem baseada em problemas (PBL)*: uma experiência no ensino superior. São Carlos: EdUFSCar, 2008.

Para quem quiser se aprofundar e aprender como empregá-la em sala de aula universitária, para fazer parte do rol de metodologias à disposição do professor conforme necessidade de ensino, indicamos o livro de Luis Roberto de Camargo Ribeiro, intitulado *Aprendizagem baseada em problemas (PBL): uma experiência no ensino superior*[59] para iniciar os estudos. Esta questão não será alongada neste livro a fim de não se fugir ao propósito do trabalho que é oferecer subsídios teóricos e práticos para a preparação para o ENADE.

1.3.2 Estudo de casos no ENADE

No ENADE, um caso pode ser entendido como uma situação, hipotética ou real, que envolve pessoas, físicas ou jurídicas, reais ou fictícias, ocorrida em um contexto bem definido, no qual uma ação é desenvolvida e contada em tom narrativo, muitas vezes, com tempo e espaço delimitados, de forma a envolver o elemento problemático no corpo do texto, nas afirmações feitas a respeito dele ou nas alternativas de resposta.

O importante é que o caso permita, por meio de seu conteúdo, chegar às habilidades e competências visadas na avaliação e apresente elementos suficientes para que o graduando entenda precisamente o que e como deve responder.

As questões do ENADE adiante servem de exemplo de estudos de caso.

Exemplo: Questão 18 da prova de Direito de 2012

Tendo-se recusado a cumprir ordem lícita de serviço, um empregado foi advertido, por escrito, por seu gerente. Ao receber a advertência escrita, recusou-se a assinar cópia do documento do empregador, sob alegação de não concordar com seu conteúdo. Foi, então, despedido por justa causa, sob a imputação de ato de indisciplina. Nessa situação, infere-se que:

A) O empregado agiu de forma ilegítima ao se recusar a assinar a advertência do gerente.

B) A imputação de indisciplina ao empregado que se recusou a assinar a advertência foi medida tomada corretamente pela empresa.

C) A empresa agiu corretamente ao despedir o empregado por justa causa com base na recusa dele de assinar a advertência escrita.

---

59 *Ibidem*.

D) A recusa do empregado em assinar a advertência constitui caso de insubordinação, sendo possível a terminação fundada nesse motivo.

E) A empresa errou ao demitir por justa causa o empregado que se recusou a cumprir ordem lícita de serviço, pois o gerente já o havia advertido.

Observemos que há aí os elementos caracterizadores do caso: dois sujeitos envolvidos, empregado e seu gerente, a situação ocorrida (envolvendo a recusa de assinar a advertência) e a problemática (disposta em cada alternativa de resposta). A partir deste ocorrido, pede-se ao aluno que responda qual das alternativas atende bem o caso.

Exemplo: Questão discursiva 3 da prova de Direito de 2015

Em uma união homoafetiva entre duas mulheres, uma delas teve um filho fruto de inseminação artificial heteróloga. Passados dezesseis anos, mediante acordo de dissolução de união estável homologado em juízo, em 10/02/2013, convencionou-se o pagamento de verba alimentícia para o filho, correspondente a 20% do salário recebido pela mãe não biológica, não detentora da guarda. Em 20/01/2015, o filho completou dezoito anos de idade. A mãe devedora dos alimentos propôs ação de exoneração, afirmando que, além de ter atingido a maioridade, o filho passara a ser bolsista de iniciação científica na faculdade.

Com base na situação apresentada, responda às perguntas a seguir.

a) O filho tem direito à manutenção dos alimentos devidos pela mãe não biológica? Apresente dois argumentos ético-jurídicos para embasar sua resposta. (valor: 6,0 pontos)

b) Na hipótese de constatação de real impossibilidade da mãe não biológica em cumprir com a totalidade da verba alimentar, a quem caberia o alimentando requerer alimentos complementares? Justifique sua resposta. (valor: 4,0 pontos)

Nesta questão, o caso envolve os sujeitos (mãe biológica, mãe não biológica e filho), a situação (uma criança gerada por inseminação artificial dentro de uma união homoafetiva e que foi criada pelas duas mães, até a dissolução da união estável, quando o filho passou a receber pensão alimentícia), e a problemática (análise do pedido de ação de exoneração do dever de pagar, quando o filho atinge a maioridade e receberá bolsa de iniciação científica). Neste contexto casuístico, pede-se ao estudante que se responda à pauta apresentada.

1.3.3 A metodologia de ensino por casos: método do caso

Para quem desejar aprofundar no ensino por meio de casos, encontrará, entre as ativas, uma metodologia que se refere aos estudos de casos (método do caso ou caso para ensino). Entretanto, é importante ressaltar que essa metodologia de ensino é diferente do método de pesquisa por estudo de caso, uma vez que, no estudo de caso, tem-se por objetivo a pesquisa acadêmica e, nos casos de ensino, visa-se à aprendizagem. Dessa forma,

> um caso para ensino é a descrição de uma situação real com objetivos educacionais, comumente envolvendo uma decisão, um problema ou uma oportunidade vivida por alguém em uma organização. Por meio dos casos, o aluno pode vivenciar situações similares às que são encontradas nas empresas, mas sem correr os riscos que estão relacionados às decisões a serem tomadas no mundo real.[60]

O caso de ensino precisa ter uma história envolvente e dados importantes para suscitar o interesse dos alunos em conhecer melhor a situação e investigar sua problemática, para que possa gerar discussão dos aspectos desejados e para que possam tomar decisões. Normalmente, tais casos são organizados em ordem cronológica, apresentando ligações com a atualidade do assunto, e podem apresentar em seu "enredo" depoimentos para propiciar reflexões e debates produtivos em sala.

Como mencionado em relação ao trabalho com situações-problema, essa metodologia do caso se apresenta como mais uma alternativa metodológica que pode fazer parte das aulas de um curso superior, juntamente com várias outras, pois cada uma serve melhor a certos objetivos de aprendizagem.[61]

---

60 FARIA, Marina; FIGUEIREDO, Kleber. Casos de ensino no Brasil: análise bibliométrica e orientações para autores. *Revista de Administração Contemporânea*, Curitiba, v. 17, n. 2, p. 179, 2013. Disponível em: http://www.scielo.br/scielo.php?script=sci_arttext&pid=S1415-65552013000200004&lng=en&nrm=iso&tlng=pt. Acesso em: 18 jan. 2019.

61 Para quem desejar saber mais sobre o trabalho com essa metodologia, o texto de Marina Faria e Klebler Fossati Figueiredo intitulado "Casos de ensino no Brasil: análise bibliométrica e orientações para autores" é um bom início de conversa, e também, ainda que mais direcionado à área da Administração, o livro *Como escrever casos para o ensino de Administração*, de Sylvia Maria Azevedo Roesch (Atlas, 2007), traz uma apresentação da metodologia e a explicação da didática de estruturação dos casos, conhecimentos que extrapolam a área a que se destina.

1.3.4 Sintetizando a questão do caso e das situações-problema no ENADE

No ENADE, portanto, sistematizando tudo o que foi exposto:

1. Os casos e as situações-problema são situações reais ou hipotéticas que compõem uma problemática a ser resolvida.
2. Os casos e as situações-problema analisam habilidades e competências, por meio dos conteúdos.
3. Os casos, normalmente, envolvem sujeitos em um contexto bem delimitado.
4. Quanto mais próximos os casos e as situações-problema do cotidiano dos estudantes, melhor será o desempenho.[62]
5. Orienta-se para que seja dada preferência para situações-problema que requeiram reflexão e tomada de decisão.[63]
6. Trazem um enunciado com um comando claro sobre o que é para ser feito.
7. Permitem uso tanto em questões discursivas quanto em objetivas.
8. Permitem trabalhar: lembrar, compreender, aplicar, analisar, avaliar e criar e não apenas "decorar".
9. Não devem cobrar simples memorização, tampouco exigir mera recordação de conceitos e/ou fórmulas.[64]
10. Os casos e as situações-problema, quando necessário, devem apresentar: tabelas, textos e segmento de textos, figuras, gráficos e quadros, atualizados e referenciados, de acordo com as normas da ABNT.[65]

É importante ressaltar que as duas metodologias aqui mencionadas, tanto a de resolução de problemas quanto a de análise do caso, são interessantes, mas não são pré-requisitos para o ENADE. As questões do exame são estruturadas, valendo-se de casos e de situações-problema, mas não pressupõem obrigatoriamente essas metodologias.

O aparte ao comentar brevemente a respeito delas se deve ao fato de se reconhecer que, em muitos casos, as aulas precisam de mais variedade metodológica capazes de gerar os conhecimentos, habilidades e competências previstas pela DCN do curso. Nesse sentido, como já ressaltado, é importante ter o conhecimento teórico e ope-

---

[62] INEP, *op. cit.*, 2011.
[63] *Ibidem*.
[64] *Ibidem*.
[65] *Ibidem*.

racional de um conjunto de metodologias, para que, sempre que possível e viável, o professor possa empregá-las nas disciplinas, auxiliando o graduando a conectar a teoria à prática, a discutir a realidade da área, e a tomar decisões guiadas pelo conhecimento científico das mais diversas disciplinas do curso, integrando conteúdos não apenas de uma "matéria", mas de várias outras aprendidas ao longo do curso, somados aos conhecimentos, habilidades e competências construídos pelos graduandos em suas vivências fora da instituição.

CAPÍTULO 2
COMO ELABORAR QUESTÕES DE PROVA NO ESTILO DO ENADE

Todas as questões do ENADE, como abordado no capítulo anterior, são elaboradas valendo-se de casos ou de situações-problema com o objetivo de avaliar competências, habilidades e conhecimentos, tal qual já explicado. Entretanto, saber isso não é suficiente para se produzir questões no estilo desse exame nacional. Há de se conhecer também o estilo de estruturação das questões, suas possibilidades e seus padrões.

Por isso, neste capítulo será explicitado como elaborar questões usando os estilos empregados pelo ENADE nos itens de prova.

2.1 A estrutura básica

TEXTO-BASE

ENUNCIADO + COMANDO(S)

Dessa estrutura básica, originam-se as questões discursivas (as quais podem apresentar algumas pautas a serem abordadas pelo estudante) e as questões objetivas (que acrescentarão assertivas a serem avaliadas ou irão diretamente para as alternativas de resposta depois da estrutura básica acima).

É comum ouvir dos estudantes, e mesmo dos professores, que as questões do ENADE são muito longas. Sem dúvida, são, costumeiramente, mais longas que as questões habituais de outras provas dos cursos. Entretanto, é preciso saber que essa extensão maior se deve ao fato de ser necessário contextualizar suficientemente a situação-problema ou o caso, conforme o público-alvo, além de delimitar o escopo da questão para evitar ambiguidades interpretativas oriundas da própria questão. Nessa perspectiva, em um documento oficial que explica como o INEP elabora seus itens, chama-se atenção para o fato de:

na elaboração do item, é necessário estar atento para evitar o que tem se mostrado muito comum em itens utilizados em vestibulares e concursos: a indução ao erro ("pegadinha"). Essa estratégia cria quase sempre situações que exigem do participante atenção a detalhes que o levam a errar o item não porque não domina, necessariamente, a habilidade testada.[66]

Sendo assim, o item deve ser configurado de modo a formar uma unidade de proposição que avalie uma única habilidade/competência e um único perfil, como tratado no capítulo anterior, embora possa ser cobrada a integração de mais de um objeto do conhecimento. Se a questão envolver mais de um objeto do conhecimento, sendo que todos devem ser contemplados adequadamente no contexto da situação-problema ou caso, ela terá mesmo de ser um pouco mais longa. Mas é interessante encarar isso como uma qualidade, e não como um defeito, afinal, são questões mais bem delimitadas e que não trabalham para induzir ao erro. O problema é que os graduandos podem não estar familiarizados com questões com tais extensões e, por isso, desistem de lê-la até o final, passando logo para a tentativa de responder, fator que geralmente condiciona ao erro. Portanto, a habilidade de lidar tanto com questões curtas como com questões longas deve ser trabalhada extensivamente nos cursos.

Todos os elementos que formam o *texto-base* (textos verbais ou não verbais, segmentos de texto, gráficos, infográficos, tabelas, figuras, imagens, esquemas, quadros, citações, conceitos etc.) devem ser coesos e coerentes, de modo que haja uma articulação entre eles, formando, assim, uma única situação-problema ou caso em um contexto específico. Em nenhuma situação os elementos empregados poderão figurar somente como acessórios, pois, além de confundirem o graduando e estenderem a questão, podem gerar ambiguidades quanto à interpretação do que é para ser feito.

Esse texto-base motiva ou compõe a situação-problema ou caso, e pode ser formulado de modo autoral pelo elaborador e referenciado por publicações de apropriação pública. Normalmente, as questões do ENADE recebem o nome de item, discursivo ou objetivo.

Lembre-se, no entanto, de que é preciso evitar exigência de informações simplesmente decoradas, tais como fórmulas, datas, nomes e termos que privilegiam a memorização, e não habilidades. Além disso, os itens de avaliação abordam níveis de dificuldade fácil, médio ou difícil, tal qual explicado no capítulo anterior.

O *enunciado*, por sua vez, deve incluir a instrução clara e objetiva do que é para ser feito e pode expressar uma pergunta, no caso dos itens discursivos não pautados, ou, ain-

---

66 INEP. *Guia de elaboração e revisão de itens:* ENEM. Brasília, DF, 2010. v. I, p. 8.

da abrir-se para a pauta apresentada. O enunciado também pode levar ao que é para ser analisado nas alternativas, nos itens objetivos. Os comandos, inseridos dentro dele, podem ser entendidos como os verbos ou expressões que indicam claramente o que é para ser feito: "redigir texto expositivo", "avaliar as proposições", "comparar as duas situações" etc.

A elaboração adequada e suficiente do texto-base e do enunciado concorre para que se evitem algumas falhas comuns na elaboração de questões de prova que sejam muito pouco delimitadas ou não contextualizadas, que, em muitas situações, geram confusão quanto ao seu escopo, abordagem e entendimento. Um exemplo disso seriam questões como as mencionadas a seguir, comumente encontradas nas provas e trabalhos, nos mais variados cursos e instituições:

- Comente sobre a questão liberdade e igualdade.
- Dê sua opinião acerca da inserção do procedimento X nas empresas.

Podemos levantar algumas dúvidas comuns aos estudantes diante de questões como: o comentário é para ser feito em que âmbito? Dos princípios constitucionais, da teoria dos gêneros, por exemplo? Ou é para responder em relação a outra situação específica, mas não mencionada na questão? O que se quer que seja comentado? E quanto à opinião, em que aspecto se quer que ela seja emitida? Precisa ser sustentada? É para relacionar as vantagens e as desvantagens de tal procedimento?

Claro que, em ambos os casos, o professor poderia responder: é óbvio que é dentro do que foi ensinado em sala! Mas, então, por que não deixar esse contexto explícito na questão? Assim, evitam-se muitos contratempos tanto de ordem interpretativa quanto de ordem de revisão da questão avaliada.

Uma opção para o dia a dia da sala de aula, para tornar as questões mais delimitadas e, consequentemente, mais direcionadas, ainda que não se esteja empregando situações-problema ou casos, é especificar e delimitar o contexto e o modo que se deseja que a questão seja abordada:

- No âmbito da teoria dos gêneros, mais especificamente no âmbito do empoderamento feminino, que estamos estudando em nossas aulas, comente, em um texto expositivo, sobre a questão da liberdade e da igualdade da mulher no mercado de trabalho atual.
- Considerando-se a relação custo × benefício da implantação do procedimento X em uma empresa de pequeno porte, tal qual pudemos estudar em nossa disciplina, emita sua opinião de forma a justificar a implantação ou não do procedimento, abordando quais seriam as vantagens e as desvantagens desse processo para tal realidade.

Com esse cuidado, o professor garantirá que os estudantes consigam entender melhor o que devem fazer, como devem fazer, e, dessa forma, responder de modo mais alinhado ao objetivo avaliativo pretendido pelo professor.

Uma questão no ENADE sobre igualdade de gênero seguiria algo como o do exemplo a seguir, no caso das questões discursivas, por trabalhar com situações-problema e casos, e por ter a estruturação que envolve: texto-base, enunciado com comandos, e a pauta ou pergunta.

Exemplo: Questão discursiva 1 da prova de 2015 da parte de Formação Geral

Imagem de Malala Yousafzai[67] — A paquistanesa Malala Yousafzai, de dezessete anos de idade, ganhou o Prêmio Nobel da Paz de 2014, pela defesa do direito de todas as meninas e mulheres de estudar. "Nossos livros e nossos lápis são nossas melhores armas. A educação é a única solução, a educação em primeiro lugar", afirmou a jovem em seu primeiro pronunciamento público na Assembleia de Jovens, na Organização das Nações Unidas (ONU), após o atentado em que foi atingida por tiro ao sair da escola, em 2012. Recuperada, Malala mudou-se para o Reino Unido, onde estuda e mantém o ativismo em favor da paz e da igualdade de gêneros. Disponível em: http://mdemulher.abril.com.br. Acesso em: 18 ago. 2015 (adaptado).	**Texto-base formado pela imagem de Malala + Texto de apresentação, seguido de referência datada.**
A partir dessas informações, redija um texto dissertativo sobre o significado da premiação de Malala Yousafzai na luta pela igualdade de gêneros. Em seu texto, aborde os seguintes aspectos: a) Direitos das jovens à educação forma; (valor: 5,0 pontos) b) Relações de poder entre homens e mulheres no mundo. (valor: 5,0 pontos)	**Enunciado + comando:** Redigir texto dissertativo (o que elimina a possibilidade de se responder por tópicos A e B) sobre a questão delimitada e abordar aspectos específicos. **Pautas a serem abordadas e sua respectiva pontuação**

---

67 Imagem não reproduzida por questões de direitos autorais.

RASCUNHO	
1	
2	
3	
4	
5	
6	
7	
8	
9	
10	
11	
12	
13	
14	
15	

E, em contexto diferenciado daquele do exemplo de questão elaborada sobre situações e procedimentos nas empresas, mas dentro da temática, pode-se acompanhar o exemplo adiante para se compreender como são elaboradas questões nesse âmbito dentro do ENADE, seguindo os preceitos de estilo e abordagem das questões.

Exemplo: Questão 4 discursiva da prova de Tecnólogo em Recursos Humanos de 2018

> Cada vez mais, os termos qualidade de vida, saúde e segurança no trabalho têm despertado a atenção no campo corporativo, tanto sob o prisma dos dirigentes organizacionais quanto dos profissionais que precisam apresentar uma entrega diferenciada e resultados expressivos para o negócio. E isso não é por acaso, afinal pesquisas já comprovaram que a qualidade de vida no trabalho (QVT) interfere diretamente em vários aspectos como, por exemplo, na produtividade, na satisfação interna, nos índices de acidente no trabalho, na rotatividade, entre tantos outros que impactam a vida das empresas e, obviamente, das pessoas que nelas atuam.
>
> Disponível em: <http://www.rh.com.br/Portal/Qualidade_de_Vida/Entrevista/10363/como-realizar-um-diagnostico-da-qualidade-de-vida-no-trabalho.html>. Acesso em: 10 jul. 2018 (adaptado).

→ *Texto-base contextualizando a questão da qualidade de vida, seguido de referência datada.*

Considerando a importância da qualidade de vida, saúde e segurança no trabalho para as organizações, faça o que se pede nos itens a seguir.

→ *Enunciado + comando*

a) Descreva, à luz da Teoria dos Dois Fatores, proposta por Frederick Herzberg, três fatores que influenciam a qualidade de vida dos colaboradores no ambiente de trabalho. (valor: 5,0 pontos)

b) Cite quatro ações de saúde e segurança do trabalho que contribuem para a melhoria da qualidade de vida no ambiente organizacional. (valor: 5,0 pontos)

→ *Pautas a serem abordadas e sua respectiva pontuação.*

RASCUNHO	
1	
2	
3	

4	
5	
6	
7	
8	
9	
10	
11	
12	
13	
14	
15	

Entendido esse aspecto geral das questões, é hora de tratar especificamente dos estilos de questões discursivas e objetivas empregados pelo ENADE.

2.2 Formulação de itens discursivos

As questões discursivas do ENADE exigem respostas abrangentes e de extensão relativamente longa, diferentemente da prova de múltipla escolha.

De acordo com o *Guia de elaboração e revisão de itens: banco nacional de itens – ENADE*,[68] a estruturação dessas questões deve dar oportunidade para que o estudante, no desenvolvimento da resposta, possa:

- propor explicações e soluções para os problemas apresentados;
- aplicar o que aprendeu a situações novas;
- fazer comparações ou classificações de dados e informações;
- estabelecer relações entre fatos e princípios, por exemplo, relações de causa e efeito;
- analisar a propriedade das informações;
- analisar o valor de procedimentos;

---

68 INEP, *op. cit.*, 2011.

- assumir posição favorável ou contrária a alguma conduta, apresentar devida argumentação;
- demonstrar capacidade de síntese, originalidade e/ou julgamento de valor;
- formular conclusões a partir de elementos fornecidos;
- demonstrar capacidade de organizar as ideias trabalhadas, expressando-as na forma escrita, de maneira coerente e lógica.

Na formulação das questões discursivas, deve-se:

- apresentar linguagem simples, clara e sem ambiguidade;
- definir claramente a(s) tarefa(s) a realizar, indicando a abrangência da resposta e os aspectos a abordar;
- conter as informações necessárias para a resolução da questão, fornecendo elementos como textos, informações técnicas específicas, figuras etc. que sejam necessários à sua resolução, e não apenas como elementos figurativos ou ilustrativos;
- recomenda-se dividir em subitens a questão discursiva com possibilidade de desdobramento.

Neste alinhamento, os itens discursivos podem seguir dois estilos: o *comum* e o *pautado*,[69] os quais serão tratados a seguir.

2.2.1 Itens discursivos comuns

O item discursivo **comum** vai apresentar a seguinte estrutura:

TEXTO-BASE

ENUNCIADO + COMANDO(S)

---

[69] Nomes utilizados nesta obra para facilitar explicação dos itens. O ENADE dá nome aos estilos objetivos, mas não aos discursivos. Mas a análise das provas, feita ao longo de anos pela autora, evidenciou que esses são os dois tipos de discursivas que aparecem, daí a necessidade de nomeá-los.

Exemplo: Questão discursiva 3 da prova de Engenharia Civil de 2017

O concreto como material construtivo deve ser submetido a controle de qualidade. Dado o grande número de variáveis que influem nas suas características, é válido afirmar que, além da rigorosa seleção dos materiais que o compõem e do competente estudo da dosagem desses materiais, é indispensável o controle da execução e das características do produto final concreto armado. → **Texto-base**

Considerando a atuação de um engenheiro civil responsável pelo projeto e execução de obras em estrutura de concreto armado, cite e descreva os objetivos dos ensaios que devem ser executados no concreto convencional nos estados fresco e endurecido para o atendimento das especificações de qualidade. (valor: 10,0 pontos). → **Enunciado + comandos**

RASCUNHO
1
2
3
4
5
6
7
8
9
10
11
12
13
14
15

Exemplo: Questão discursiva 5 da prova de Geografia/Bacharelado de 2017

As bacias hidrográficas são definidas como um conjunto de superfícies que, através de canais e tributários, drenam a água da chuva, sedimentos e substâncias dissolvidas para um canal principal cuja vazão ou deflúvio converge para uma foz do canal principal num outro rio, lago ou no mar. São delimitadas pelos divisores de água, e seus tamanhos podem variar desde dezenas de metros quadrados até milhões de quilômetros- quadrados. O uso de geoprocessamento e/ou sensoriamento remoto auxilia na delimitação das bacias hidrográficas e na análise morfométrica.

GRANELL-PÉREZ, M. del C. *Trabalhando Geografia com as cartas topográficas*. 2. ed. Ijuí: Ed. Unijuí, 2004 (adaptado).

Considerando esse contexto, apresente duas técnicas com geoprocessamento e/ou sensoriamento remoto que podem ser adotadas para a delimitação e/ou mapeamento de bacias hidrográficas, e auxiliem na interpretação hidrográfica. Para cada uma delas, descreva a metodologia aplicada e os resultados que podem ser obtidos. (valor: 10,0 pontos)

	RASCUNHO
1	
2	
3	
4	
5	
6	
7	
8	
9	
10	
11	
12	
13	
14	
15	

Exemplo: Questão discursiva 3 da Prova de Matemática/Licenciatura de 2017

A divisibilidade entre números inteiros é um conceito estudado há mais de 2 mil anos, e tem aplicações modernas, como na criptografia, que permite codificar informações a fim de transmiti-las com segurança.

Nesse contexto, prove que, se n é um número inteiro positivo, então $2n3 - 3n2 + n$ é divisível por 6. (valor: 10,0 pontos)

	RASCUNHO
1	
2	
3	
4	
5	
6	
7	
8	
9	
10	
11	
12	
13	
14	
15	

2.2.2 Itens discursivos pautados

Já nos itens discursivos de estilo pautado, além do texto-base e do enunciado, apresentam-se também os aspectos que se queira que sejam abordados em subitens.

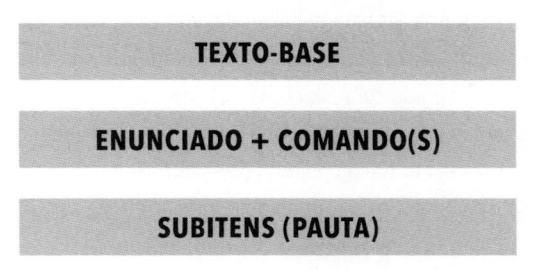

TEXTO-BASE

ENUNCIADO + COMANDO(S)

SUBITENS (PAUTA)

Exemplo: Questão discursiva da prova de Fisioterapia de 2016

> Uma mulher com 25 anos de idade sofreu entorse grau II do tornozelo direito, com lesão do ligamento talofibular anterior, durante a aterrissagem de salto, ao realizar um bloqueio em partida de vôlei, há quatro semanas. Após a entorse, foi aplicado gelo durante 20 minutos. No exame de imagem, não se constatou fratura associada. Atualmente, a região ainda apresenta edema residual. As amplitudes de movimento do tornozelo e pé estão preservadas; os músculos eversores do pé direito apresentam grau 4 no teste de força muscular manual, e, os demais, grau 5. A paciente já deambula sem auxílio de muletas, não apresenta claudicação ou dor, porém ainda sente-se insegura ao permanecer, sem auxílio, em apoio unipodal de olhos abertos. Está ansiosa para retornar ao esporte e refere desejo de participar da próxima temporada do campeonato regional de vôlei. → **Texto-base: caso**
>
> Com base na situação apresentada, faça o que se pede nos itens a seguir. → **Enunciado + comando**
>
> a) Elenque três objetivos fisioterapêuticos para o retorno dessa paciente ao esporte. (valor: 4,0 pontos)
> b) Indique uma conduta cinesioterapêutica para cada objetivo citado. (valor: 4,0 pontos) → **Pautas a serem tratadas**
> c) Apresente duas orientações a serem dadas à paciente na alta do tratamento, de forma a se prevenir a recidiva do entorse de tornozelo. (valor: 2,0 pontos)

Exemplo: Questão discursiva 4 da prova de Medicina de 2016

Após ter sido socorrido em colisão de automóvel com uma caçamba de entulhos, o condutor do veículo, com 25 anos de idade, é levado ao hospital pela SAMU, onde é atendido na sala de emergência. Os paramédicos relatam ter havido dificuldade em retirá-lo do carro devido à abertura dos *air bags* e ao encarceramento nas ferragens. O paciente encontra-se em prancha rígida, com colar cervical, e mostra-se agitado, com hálito etílico e ferimento lacero-contuso em região fronto-temporal esquerda com sangramento profuso, e, ainda com hematoma em região peitoral direita. O exame físico evidencia: pressão arterial (PA) = 100 × 80 mmHg; saturação de oxigênio = 90%; frequência cardíaca (FC) = 112 bpm; frequência respiratória (FR) = 40 irpm; Glasgow = 15.

Ao admitir o paciente, o médico plantonista faz ausculta cardíaca e pulmonar que revelam: ritmo regular em dois tempos, sem sopros, bulhas normofonéticas e murmúrio vesicular abolido em hemitórax direito. Diante desse quadro, o médico solicita ao técnico de enfermagem que faça curativo compressivo no ferimento da cabeça.

Com relação ao atendimento prestado ao paciente, faça o que se pede nos itens a seguir.

a) Descreva o adequado atendimento inicial desse paciente na admissão na sala vermelha. (valor: 5,0 pontos)
b) Descreva o que se espera encontrar na percussão do tórax para o diagnóstico diferencial do quadro respiratório apresentado. (valor: 2,0 pontos)
c) Descreva o procedimento terapêutico imediato a ser adotado para o quadro respiratório. (valor: 3,0 pontos)

Exemplo: Questão discursiva 5 da prova de Ciência da Computação de 2017

A busca primeiro em profundidade é um algoritmo de exploração sistemática em grafos, em que as arestas são exploradas a partir do vértice *v* mais recentemente descoberto que ainda tem arestas inexploradas saindo dele. Quando todas as arestas de *v* são exploradas, a busca regressa para explorar as arestas que deixam o vértice a partir do qual *v* foi descoberto. Esse processo continua até que todos os vértices acessíveis a partir do vértice inicial sejam explorados.

CORMEN, T. H.; LEISERSON, C. E.; RIVEST, R. L.; STEIN, C. *Introduction to Algorithms*. 3. ed. Cambridge, Massachusetts: The MIT Press, 2009 (adaptado).

Considere o grafo a seguir.

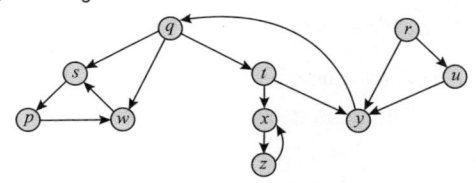

Com base nas informações apresentadas, faça o que se pede nos itens a seguir.

a) Mostre a sequência de vértices descobertos no grafo durante a execução de uma busca em profundidade com controle de estados repetidos. Para isso, utilize o vértice r como inicial. No caso de um vértice explorado ter mais de um vértice adjacente, utilize a ordem alfabética crescente como critério para priorizar a exploração. (valor: 7,0 pontos)

b) Faça uma representação da matriz de adjacências desse grafo, podendo os zeros ser omitidos nessa matriz. (valor: 3,0 pontos)

Exemplo: Questão discursiva 3 da prova de Direito de 2018

TEXTO 1

No dia 3 de abril de 2017, um refugiado da Síria, nação que vive violenta guerra civil desde 2011, foi atacado em Copacabana, bairro localizado na Zona Sul do Rio de Janeiro. Mohamed Ali, vendedor de esfirras e quitutes árabes, foi agredido por um homem por causa do ponto de venda. No vídeo disponível em redes sociais, pode-se perceber um homem com dois pedaços de madeira nas mãos gritando: "Saia do meu país! Eu sou brasileiro e estou vendo meu país ser invadido por esses homens-bombas que mataram, esquartejaram crianças, adolescentes. São miseráveis". O mesmo homem ainda afirma: "Essa terra aqui é nossa. Não vai tomar nosso lugar não".

Disponível em: https://oglobo.globo.com/rio/refugiado-sirio-atacado-em-copacabana-saia-do--meu-apsi-21665327. Acesso em: 28 jun. 2018 (adaptado).

TEXTO 2

A Lei nº 9.474/1997 dispõe sobre o instituto do refúgio. Por meio dela pode-se aferir se uma pessoa é refugiada, quais direitos específicos ela possui e a quais obrigações está vinculada, sem prejuízo dos deveres e direitos outorgados de maneira *erga omnes* aos brasileiros e aos estrangeiros residentes no Brasil, conforme estabelecido na Constituição Federal e em leis infraconstitucionais. As pessoas reconhecidas como refugiadas apenas vinculam-se à Lei nº 9.474/1997 nos aspectos específicos nela indicados.

BARRETO, L. P. F. (org.) *Refúgio no Brasil: a proteção brasileira aos refugiados e seu impacto nas Américas*. Brasília: ACNUR, Ministério da Justiça, 2010 (adaptado).

Considerando os textos apresentados e a inserção do Brasil nas organizações de defesa dos direitos humanos, atenda ao que se pede nos itens a seguir.

a) Apresente, a partir do sistema jurídico de proteção dos direitos humanos, dois fundamentos jurídicos que asseguram o tratamento a ser conferido a cidadãos natos e refugiados no Brasil. (valor: 4,0 pontos)
b) Apresente, na esfera cível, a consequência jurídica pelo ato praticado pelo cidadão brasileiro. (valor: 3,0 pontos)
c) Apresente dois tipos penais pelos quais o cidadão brasileiro poderá responder em relação às condutas praticadas. (valor: 3,0 pontos)

Na construção de questões discursivas para o ENADE,[70] são evitadas questões formuladas com enunciados do tipo:

Quadro 1. Recomendações do que deve ser evitado

O que... Quando... Quem... Cite...	Porque apresentam *foco na memorização* (questões pontuais) e, possivelmente, não avaliam habilidades complexas.
Cite alguns... Dê exemplos... Quais são...?	Porque apresentam *dificuldade quanto ao critério de correção* (não há delimitação; todavia, se bem delimitadas, deixam de ser problemáticas – por isso, precise a questão).
É possível...? Você acha (acredita, pensa) que...? Deve-se...?	Porque apresentam *respostas possíveis apenas em sim ou não*.
Discorra sobre... Comente... Dê sua opinião...	Porque apresentam *formulações vagas*, imprecisas, indefinidas.
Resumidamente... Em poucas linhas... Sucintamente...	Porque apresentam termos que *não delimitam a abrangência* da resposta.

Fonte: baseado em INEP, *op. cit.*, 2011.

De forma geral, ao elaborar itens discursivos, pode-se resumir as recomendações para a elaboração destes itens ao estilo ENADE, nos tópicos a seguir:

---

70 INEP, *op. cit.*, 2011.

- Use um contexto apropriado para a questão e o público-alvo: na elaboração de situações-problema ou casos, use texto ou segmento de texto, figura, gráfico, infográfico, charge, tabela, mapa, definição-conceito etc., que formem uma unidade.
- Coloque a fonte/referência, quando usar texto-base não autoral (são importantes o local de publicação e a data de uma charge para a interpretação de seu sentido, por exemplo).
- Redija um enunciado com o comando claro sobre o *que* e *como* fazer (defina clara e precisamente a tarefa a se realizar).
- Redija os itens em linguagem clara, simples e sem ambiguidades – evite preciosismos, palavras rebuscadas ou termos técnicos desnecessários.
- Se necessário, explicite o conceito, precise os termos técnicos ou o significado do elemento – quando trabalhar níveis de habilidades moderadas ou complexas.
- Quando muito ampla, crie subitens para delimitar a questão e sua abordagem, e, também, é claro, para nortear os critérios de correção.
- Use textos adequados ao público-alvo.
- Use proposições relacionadas aos objetivos de aprendizagem (campos do lembrar, compreender, aplicar, analisar, avaliar e criar). Evite focar as perguntas em: "que", "quem", "quando", "onde", pois possivelmente não avaliam habilidades complexas. São centradas, em geral, no lembrar! Evite cobrar simples memorização, varie os objetivos educacionais de suas questões (Taxonomia Revisada de Bloom).
- Não use o texto-base apenas como figurativo ou ilustrativo (ele não é um acessório da questão, mas parte essencial).
- Seja objetivo: vá direto ao assunto, não use mais textos que o necessário para configurar a situação-problema. Use frases curtas, termos exatos, sem demonstração de erudição.
- Use ordem direta nos termos essenciais das orações: sujeito, verbo, complemento. Inversões sintáticas podem confundir os estudantes.
- Evite utilizar ou redigir texto-base, enunciado e alternativas que possam induzir o participante do teste ao erro ("pegadinhas").
- Evite proposições vagas como: "comente", "discorra", "disserte", "dê sua opinião". Se usá-las, empregue um texto-base capaz de contextualizar pertinentemente o foco a ser tratado, e, se necessário, empregue subitens com comandos claros e precisos sobre o que é para ser abordado. Nestes casos, prefira usar comandos como: "Elabore um texto expositivo ou dissertativo/um texto dissertativo-argumentativo/um texto opinativo, no qual sejam tratados os seguintes aspectos/elementos: (a)..., (b)...".
- Cuidado com questões abertas que podem admitir simplesmente SIM ou NÃO.
- Se avaliar habilidades moderadas ou mais complexas, evite muitas questões em sua prova, pois demandam mais tempo para serem respondidas.

- É importante elaborar um critério de avaliação das respostas com aquilo que será considerado para a nota e divulgá-los para que os estudantes possam conhecê-lo, preferencialmente, antes ou durante a elaboração.

2.3 Formulação de itens objetivos

Embora a base das questões objetivas seja:

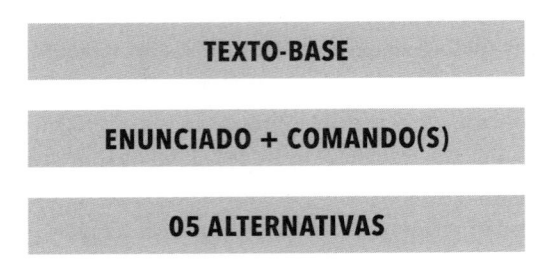

TEXTO-BASE

ENUNCIADO + COMANDO(S)

05 ALTERNATIVAS

Nota-se que algumas questões apresentam um elemento a mais nesta estrutura, assim se configurando:

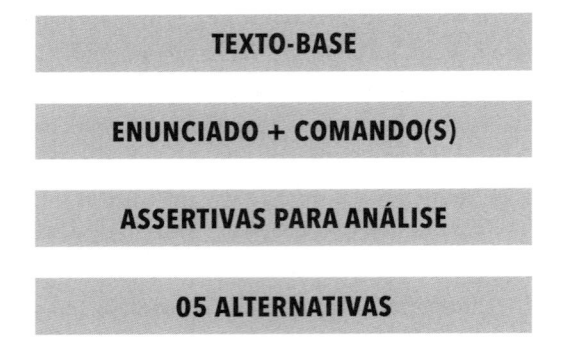

TEXTO-BASE

ENUNCIADO + COMANDO(S)

ASSERTIVAS PARA ANÁLISE

05 ALTERNATIVAS

Inclusive, podendo apresentar um enunciado com comando antes das assertivas a serem analisadas e outro conjunto (enunciado com comando) antes das alternativas.

No ENADE, a questão correta de múltipla escolha é denominada *gabarito* e as demais são denominadas *distratores*. Todas as questões apresentam cinco alternativas, sendo uma alternativa correta (gabarito) e quatro incorretas (distratores), como mostra o Quadro 2.

Para a construção de itens objetivos no estilo do ENADE, há alguns cuidados básicos a se tomar, como pode ser visto no Quadro 3.

Quadro 2. Gabaritos e distratores

O gabarito	• indica, inquestionavelmente, a única alternativa correta que responde à situação-problema proposta.
Os distratores	• são as alternativas com aparência de resposta correta, mas inquestionavelmente incorretas em relação ao enunciado; • seu conteúdo deve ser correto, se considerado independente do problema formulado no enunciado; • devem atrair os graduandos que não possuem a habilidade avaliada na questão ou aqueles que tentam adivinhar (ou "chutar") a resposta; • devem ser respostas plausíveis; • devem ter semelhança em relação à alternativa correta quanto à ordem de grandeza ou à forma de apresentação; • podem apresentar os erros comuns que os graduandos apresentaram nas aulas; • podem apresentar possíveis soluções errôneas para o problema apresentado no enunciado.

Fonte: baseado em INEP, *op. cit.*, 2011.

Quadro 3. Cuidados básicos com os itens objetivos

Utilize termos impessoais	Como: "considere-se", "calcula-se", "argumenta-se" etc.
Não utilize termos com foco negativo	Como: "falso", "exceto", "incorreto", "não", "errado"... **O ENADE não trabalha com foco negativo no enunciado**
Não utilize termos absolutos	Como: "sempre", "nunca", "todo", "totalmente", "absolutamente", "completamente", "apenas", "somente" etc.; A não ser nos casos em que a generalização ou a delimitação seja apropriada, isto é, seja relacionada com o teor do que está sendo tratado e ele por si seja absoluto.
Não conclua o item com artigo (feminino ou masculino).	Para não induzir a escolha ou a rejeição de alguma alternativa.
Construa as alternativas:	
• Com paralelismo sintático e semântico, extensão equivalente e coerência com o enunciado.	
• Independentes umas das outras, de maneira que não sejam excludentes (negando informações do texto) nem semanticamente muito próximas.	
• Sem empregar negativas ou expressões que se tornem imprecisas as afirmativas, confundindo o estudante.	

(continua)

Quadro 3. Cuidados básicos com os itens objetivos (*continuação*)

- Dispostas de maneira lógica, conforme sua ordem natural (sequência narrativa, ordem cronológica dos eventos, ordem alfabética dos autores, grandeza crescente/decrescente dos números etc.).
- Evitando alternativas demasiadamente longas.
- Evitando termos como: "todas as anteriores", "nenhuma das anteriores", "todas as respostas acima", "NDA", pois são discordantes da instrução de indicar uma única resposta correta e quatro distratores.
- Evitando distratores absurdos em relação à situação-problema apresentada.

Fonte: baseado em INEP, *op. cit.*, 2011.

2.3.1 Tipos de itens objetivos

É importante considerar que existem cinco estilos diferentes de questões de múltipla escolha no ENADE, são elas: resposta única ou resposta simples, complementação simples ou afirmação incompleta, interpretação, asserção-razão, resposta múltipla ou resposta complexa.

A escolha do tipo/estilo do item a ser formulado depende da natureza do conteúdo, da complexidade da habilidade e do nível de dificuldade que serão avaliados.

2.3.1.1 Item objetivo do tipo "resposta única ou resposta simples"

Este tipo de item enuncia o caso ou a situação-problema na forma de pergunta e apresenta as alternativas de resposta. É o estilo que mais se aproxima ao que normalmente se faz em uma questão objetiva, salvaguardando-se o fato de serem antecedidos por um texto-base. Costumam ser usadas para avaliar habilidades mais simples ou medianas.

Exemplo: Questão 18 da prova de Matemática/Licenciatura de 2017

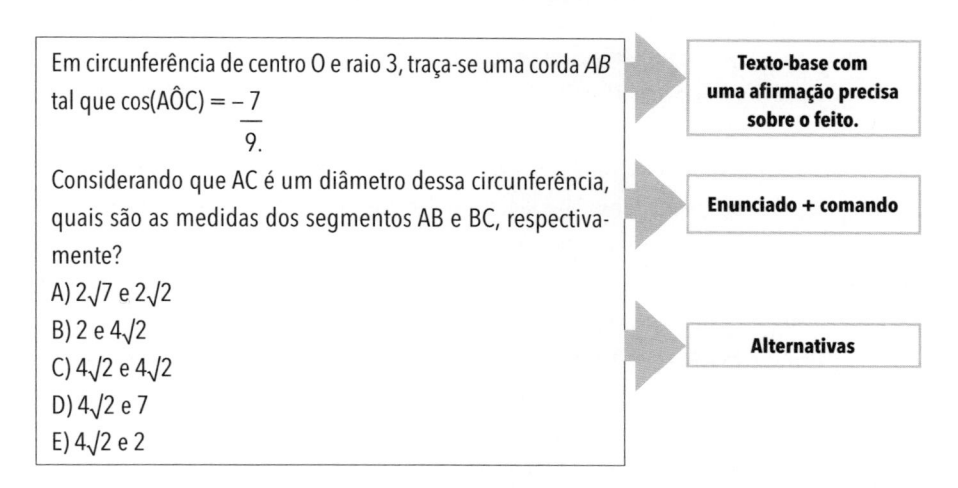

Em circunferência de centro O e raio 3, traça-se uma corda AB tal que $\cos(A\hat{O}C) = -\dfrac{7}{9}$.

Considerando que AC é um diâmetro dessa circunferência, quais são as medidas dos segmentos AB e BC, respectivamente?

A) $2\sqrt{7}$ e $2\sqrt{2}$
B) 2 e $4\sqrt{2}$
C) $4\sqrt{2}$ e $4\sqrt{2}$
D) $4\sqrt{2}$ e 7
E) $4\sqrt{2}$ e 2

→ Texto-base com uma afirmação precisa sobre o feito.

→ Enunciado + comando

→ Alternativas

Exemplo: Questão 7 da prova da parte de Formação Geral de 2017

    A produção artesanal de panela de barro é uma das maiores expressões da cultura popular do Espírito Santo. A técnica de produção pouco mudou em mais de 400 anos, desde quando a panela de barro era produzida em comunidades indígenas. Atualmente, apresenta-se com modelagem própria e original, adaptada às necessidades funcionais da culinária típica da região. As artesãs, vinculadas à Associação das Paneleiras de Goiabeiras, do município de Vitória-ES, trabalham em um galpão com cabines individuais preparadas para a realização de todas as etapas de produção. Para fazer as panelas, as artesãs retiram a argila do Vale do Mulembá e do manguezal que margeia a região e coletam a casca da *Rhysophora mangle*, popularmente chamada de mangue vermelho. Da casa dessa planta as artesãs retiram a tintura impermeabilizante com a qual açoitam as panelas ainda quentes. Por tradição, as autênticas moqueca e torta capixabas, dois pratos típicos regionais, devem ser servidas nas panelas de barro assim produzidas. Essa fusão entre as panelas de barro e os pratos preparados com frutos do mar, principalmente a moqueca, pelo menos no estado do Espírito Santo, faz parte das tradições deixadas pelas comunidades indígenas.

    Disponível em: http://www.vitoria.es.gov.br. Acesso em: 14 jul. 2017 (adaptado).

    Como principal elemento cultural na elaboração de pratos típicos da cultura capixaba, a panela de barro de Goiabeiras foi tombada, em 2002, tornando-se a primeira indicação geográfica brasileira na área do artesanato considerada bem imaterial, registrado e protegido no Instituto do Patrimônio Histórico e Artístico Nacional (Iphan), no Livro de Registro dos Saberes e declarada patrimônio cultural do Brasil.

SILVA, A. Comunidade tradicional, práticas coletivas e reconhecimento: narrativas contemporâneas do patrimônio cultural. In: *40º Encontro Anual da Anpocs*. Caxambu, 2016 (adaptado).

Atualmente, o trabalho foi profissionalizado e a concorrência para atender ao mercado ficou mais acirrada, a produção que se desenvolve no galpão ganhou um ritmo mais empresarial com maior visibilidade publicitária, enquanto as paneleiras de fundo de quintal se queixam de ficarem ofuscadas comercialmente depois que o galpão ganhou notoriedade.

MERLO, P. Repensando a tradição: a moqueca capixaba e a construção da identidade local. *Interseções*, Rio de Janeiro, v. 13, n. 1, 2011 (adaptado).

Com base nas informações apresentadas, assinale a alternativa correta.

A) A produção das panelas de barro abrange interrelações com a natureza local, de onde se extrai a matéria-prima indispensável à confecção das peças ceramistas.
B) A relação entre as tradições das panelas de barro e o prato típico da culinária indígena permanece inalterada, o que viabiliza a manutenção da identidade cultural capixaba.
C) A demanda por bens culturais produzidos por comunidades tradicionais insere o ofício das paneleiras no mercado comercial, com retornos positivos para toda a comunidade.
D) A inserção das panelas de barro no mercado turístico reduz a dimensão histórica, cultural e estética do ofício das paneleiras à dimensão econômica da comercialização de produtos artesanais.
E) O ofício das paneleiras representa uma forma de resistência sociocultural da comunidade tradicional na medida em que o estado do Espírito Santo mantém-se alheio aos modos de produção, divulgação e comercialização dos produtos.

Exemplo: Questão 25 da prova de Administração de 2018

Identificar a fonte generativa do desenvolvimento socioeconômico baseado no conhecimento é o cerne do modelo de inovação da Hélice Tríplice para aprimorar as interações universidade-indústria-governo. Governo e indústria, elementos clássicos das parcerias público-privadas, são reconhecidos como importantes esferas da sociedade desde o século XVIII. A tese da Hélice Tríplice é que a universidade deve assumir, além do papel social de prover educação superior e realizar pesquisa, um papel primordial equivalente ao da indústria e do governo, como geradora de novos empreendimentos. A partir desse modelo, políticas, práticas e inovações organizacionais destinadas a traduzir conhecimento em atividade econômica e a resolver problemas da sociedade, espalharam-se pelo mundo todo. Assim, as universidades são instigadas a desempenhar um papel criativo no desenvolvimento econômico e social.

ETZKOWITZ, H.; ZHOU, C. Tríplice: inovação e empreendedorismo universidade-indústria-governo. *Revista Estudos Avançados*, v. 31, n. 90, p. 23-48, maio de 2017 (adaptado).

A partir das ideias do texto, assinale a opção correta.

A) A universidade, no contexto da Hélice Tríplice, tem como uma das suas funções diagnosticar pontos fracos e fortes presentes nas atividades das indústrias e dos governos, operando estratégias para sanar essas lacunas por meio da pesquisa.

B) O grande entrave do modelo da Hélice Tríplice é que a universidade, que precisa ser independente quanto à pesquisa e à educação superior, coloca-se em posição subjacente às indústrias e aos governos.

C) A interação entre universidade e indústria é determinada pelas prioridades sociais e econômicas estabelecidas pelos governos, os quais impõem um novo olhar para o papel da universidade no desenvolvimento local, regional e nacional.

D) A concepção da Hélice Tríplice está assentada no entendimento de que as universidades devem desempenhar um papel social primário na formação do espírito inovador e criativo visando ao atendimento das demandas econômicas e sociais.

E) A articulação entre universidade, governo e indústria precede a identificação das motivações para a produção do conhecimento, tendo em vista a necessidade de criar soluções para os velhos dilemas socioeconômicos.

2.3.1.2 Item objetivo do tipo "complementação simples ou afirmação incompleta"

Este item consiste em enunciado que deve ser redigido em forma de frase incompleta, e as alternativas devem completar a frase proposta. Por esse motivo, as alternativas iniciam-se por letra minúscula. Costumam ser empregadas para avaliar habilidades mais simples ou medianas.

Exemplo: Questão 21 da prova de Química de 2017

> Um vazamento de amônia, gás utilizado para a refrigeração, provocou a intoxicação de funcionários de um frigorífico. Segundo o gerente da empresa, o vazamento "foi resolvido de imediato, mas a amônia levou alguns minutos para se dissipar. Por segurança, evacuamos toda a área e dispensamos os funcionários". ⟶ **Texto-base + contextualização**
>
> Ocorrências como essa, associadas à utilização, em grande escala, da amônia em empresas de alimentação, têm gerado grande preocupação nas áreas de saúde, segurança e meio ambiente. Planos de emergência devem ser estabelecidos, incluindo formas de redução das concentrações de amônia em caso de vazamentos.
>
> Em situações como a mencionada no texto, a medida mais eficiente para se minimizar a rápida dispersão e controlar o vazamento de amônia em ambientes industriais é ⟶ **Enunciado + comando, afirmação incompleta**
>
> A) abrir todas as portas e janelas, para que o gás se disperse no ambiente.
> B) diminuir a temperatura do ambiente, para que os gases se dispersem mais lentamente.
> C) aspergir água, para forçar a reação de hidratação e formação do hidróxido de amônio. ⟶ **Alternativas**
> D) aspergir uma solução ácida, para forçar a reação de neutralização e formação de um sal.
> E) passar o gás através de filtros, para forçar a reação com substâncias que retenham a amônia.

Exemplo; Questão 17 da prova de Letras/Bacharelado de 2017

TEXTO 1

– Aí, Gaúcho!

– Fala, Gaúcho!

Perguntaram para a professora por que o Gaúcho falava diferente. A professora explicou que cada região tinha seu idioma, mas que as diferenças não eram tão grandes assim. Afinal, todos falavam português. Variava a pronúncia, mas a língua era uma só. E os alunos não achavam formidável que num país do tamanho do Brasil todos falassem a mesma língua, só com pequenas variações? [...] O gordo Jorge fez cara de quem não se entregara. Um dia o Gaúcho chegou tarde na aula e explicou para a professora o que acontecera.

– O pai atravessou a sinaleira e pechou.

[...]

– Gaúcho... Quer dizer, Rodrigo: explique para a classe o que aconteceu.

– Nós vinha...

– Nós vínhamos.

– Nós vínhamos de auto, o pai não viu a sinaleira fechada, passou no vermelho e deu uma pechada noutro auto.

A professora varreu a classe com seu sorriso. Estava claro o que acontecera? Ao mesmo tempo, procurava uma tradução para o relato do gaúcho. Não podia admitir que não o entendera. Não com o gordo Jorge rindo daquele jeito.

"Sinaleira", obviamente, era sinal, semáforo. "Auto" era automóvel, carro. Mas "pechar" o que era? Bater, claro. Mas de onde viera aquela estranha palavra? Só muitos dias depois a professora descobriu que "pechar" vinha do espanhol e queria dizer bater com o peito, e até lá teve que se esforçar para convencer o gordo Jorge de que era mesmo brasileiro o que falava o novato. Que já ganhara outro apelido: Pechada.

– Aí, Pechada!

– Fala, Pechada!

VERISSIMO, L. Pechada. Revista Nova Escola, maio, 2014. Disponível em: https://novaescola.org.br.
Acesso em: 3 out. 2019 (adaptado).

TEXTO 2

Todos sabem que existe um grande número de variedades linguísticas, mas, ao mesmo tempo em que se reconhece a variação linguística como um fato, observa-se que a nossa sociedade tem uma longa tradição em considerar a variação numa escala valorativa, às vezes até moral, que leva a tachar os usos característicos de cada variedade como certo ou errado, aceitáveis ou inaceitáveis, pitorescos, cômicos etc.

TRAVAGLIA, L. C. *Gramática e interação: uma proposta para o ensino de gramática*. São Paulo:
Cortez Editora, 2009 (adaptado).

Considerando a imagem apresentada, os sentidos estabelecidos pelo texto 1 e a reflexão provocada pelo texto 2, conclui-se que a professora

A) identifica "pechada" como um caso de estrangeirismo na fala de seu aluno, incorporado à língua portuguesa como empréstimo aceitável da língua espanhola.

B) identifica o fenômeno de variação diafásica em nível lexical, ao compreender o contexto de uso dos vocábulos "sinaleira" e "auto".

C) ignora a possibilidade de discutir o tema do preconceito linguístico com relação ao uso de variações linguísticas diatópicas.
D) evita, ao abordar as variedades linguísticas do português brasileiro, que o estudante Rodrigo sofra preconceito linguístico.
E) explica os diferentes modos de falar de seus alunos conforme a ocorrência de variações morfológicas e sintáticas na fala de Rodrigo.

Exemplo: Questão 27 da prova de Geografia/Bacharelado de 2017

Na faixa tropical do território brasileiro é comum a ocorrência de escorregamentos. Esses processos, associados aos usos e à ocupação do solo, proporcionam uma combinação que resulta em movimentos de massa sob atuação da força da gravidade. Nesse sentido, as precipitações são importantes condicionantes desse processo e, muitas vezes, ganham dimensões catastróficas, com perdas materiais e de vidas.

Os escorregamentos são processos
A) potencializados por uma combinação de fatores, como a topografia plana e vegetação robusta.
B) condicionados pela elevada impermeabilização em locais que apresentem declividade reduzida.
C) frequentes em períodos de chuvas convectivas, que potencializam o escoamento superficial em tais locais.
D) vinculados à ocupação do solo nas planícies de inundação dos rios e lagos, especialmente nas grandes cidades.
E) resultantes do depósito de lixo nos cursos hídricos, que poderia ser evitado por meio da educação ambiental.

2.3.1.3 Item objetivo do tipo "interpretação"

A modalidade "interpretação" faz uso de gráficos, tabelas, quadros, diagramas, figuras e mapas junto aos textos para serem interpretados dentro da situação-problema, não configurando apenas informações complementares aos textos. Esses elementos costumam ser usados para avaliar habilidades medianas ou complexas.

Exemplo: Questão 1 da prova de Formação Geral de 2017

Os britânicos decidiram sair da União Europeia (UE). A decisão do referendo abalou os mercados financeiros em meio às incertezas sobre os possíveis impactos dessa saída.

Os gráficos a seguir apresentam, respectivamente, as contribuições dos países integrantes do bloco para a UE, em 2014, que somam € 144,9 bilhões de euros, e a comparação entre a contribuição do Reino Unido para a UE e a contrapartida dos gastos da UE com o Reino Unido.

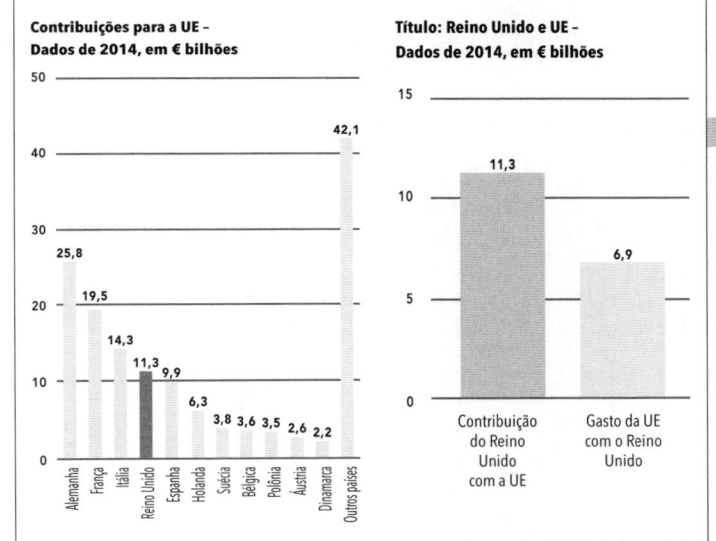

Contribuições para a UE –
Dados de 2014, em € bilhões

- Alemanha: 25,8
- França: 19,5
- Itália: 14,3
- Reino Unido: 11,3
- Espanha: 9,9
- Holanda: 6,3
- Suécia: 3,8
- Bélgica: 3,6
- Polônia: 3,5
- Áustria: 2,6
- Dinamarca: 2,2
- Outros países: 42,1

Título: Reino Unido e UE –
Dados de 2014, em € bilhões

- Contribuição do Reino Unido com a UE: 11,3
- Gasto da UE com o Reino Unido: 6,9

→ Gráficos a serem interpretados

Disponível em: http://www.g1.globo.com. Acesso em: 6 set. 2017 (adaptado).

Considerando o texto e as informações apresentadas nos gráficos acima, assinale a opção correta.

→ Enunciado + comando

A) A contribuição dos quatro maiores países do bloco somou 41,13%.
B) O grupo "Outros países" contribuiu para esse bloco econômico com 42,1%.
C) A diferença da contribuição do Reino Unido em relação ao recebido do bloco econômico foi 38,94%.
D) A soma das participações dos três países com maior contribuição para o bloco econômico supera 50%.
E) O percentual de participação do Reino Unido com o bloco econômico em 2014 foi de 17,8%, o que o colocou entre os quatro maiores participantes.

→ Alternativas

Exemplo: Questão 3 da prova de Geografia/Bacharelado de 2017 da parte de Formação Geral

O sistema de tarifação de energia elétrica funciona com base em três bandeiras. Na bandeira verde, as condições de geração de energia são favoráveis e a tarifa não sofre acréscimo. Na bandeira amarela, a tarifa sofre acréscimo de R$ 0,020 para cada kWh consumido, e na bandeira vermelha, condição de maior custo de geração de energia, a tarifa sofre acréscimo de R$ 0,035 para cada kWh consumido. Assim, para saber o quanto se gasta com o consumo de energia de cada aparelho, basta multiplicar o consumo em kWh do aparelho pela tarifa em questão.

Disponível em: <http://www.aneel.gov.br>. Acesso em: 17 jul. 2017 (adaptado).

Na tabela a seguir, são apresentadas a potência e o tempo de uso diário de alguns aparelhos eletrônicos usuais de uma residência.

Aparelhos	Potência (kW)	Tempo de uso diário (h)	kWh
Carregador de celular	0,010	24	0,240
Chuveiro 3.500 W	3,500	0,5	1,750
Chuveiro 5.500 W	5,500	0,5	2,250
Lâmpada de LED	0,008	5	0,040
Lâmpada fluorescente	0,015	5	0,075
Lâmpada incandescente	0,060	5	0,300
Modem de internet em stand-by	0,005	24	0,120
Modem de internet em uso	0,012	8	0,096

Disponível em: https://www.educandoseubolso.blog.br. Acesso em: 17 jul. 2017 (adaptado).

Considerando as informações do texto, os dados apresentados na tabela, uma tarifa de R$ 0,50 por kWh em bandeira verde e um mês de 30 dias, avalie as afirmações a seguir.

I. Em bandeira amarela, o valor mensal da tarifa de energia elétrica para um chuveiro de 3 500 W seria de R$ 1,05, e de R$ 1,65, para um chuveiro de 5 500 W.

II. Deixar um carregador de celular e um modem de internet em stand-by conectados na rede de energia durante 24 horas representa um gasto mensal de R$ 5,40 na tarifa de energia elétrica em bandeira verde, e de R$ 5,78, em bandeira amarela.

III. Em bandeira verde, o consumidor gastaria mensalmente R$ 3,90 a mais na tarifa de energia elétrica em relação a cada lâmpada incandescente usada no lugar de uma lâmpada LED.

É correto o que se afirma em

A) II, apenas.
B) III, apenas.
C) I e II, apenas.
D) I e III, apenas.
E) I, II e III.

2.3.1.4 Item objetivo do tipo "asserção-razão"

Nesta modalidade, o item apresenta, abaixo do texto-base, duas afirmativas ou asserções que podem ou não ser proposições verdadeiras ou corretas, assim como podem ou não estabelecer relações entre si (proposição e justificativa, causa e efeito, princípio e justificativa, asserção e razão). Esse tipo de questão é mais comumente usado para avaliação de habilidades complexas.

Exemplo: Questão 26 da prova de Medicina de 2016

A lombalgia, uma das queixas mais comuns dos pacientes atendidos na clínica médica, é um problema crônico em parcela considerável da população e resulta em grande sofrimento pessoal, com sérias repercussões socioeconômicas. → **Texto-base: contextualização**

Acerca do tema, avalie as asserções a seguir e a relação proposta entre elas. → **Enunciado 1 + comando**

I. Os distúrbios da coluna vertebral são a maior causa da limitação funcional em pessoas com mais de 50 anos de idade e os que mais justificam faltas ao trabalho, aposentadoria por invalidez e despesas médicas nos países ocidentais industrializados.

PORQUE

II. Os gastos excessivos associados à dor lombar são decorrentes da indicação desnecessária de exames de imagem e procedimentos cirúrgicos, além de intervenções farmacológicas no manejo de episódios de lombalgia não complicada. → **Asserção PORQUE Razão**

A respeito dessas asserções, assinale a opção correta. → **Enunciado 2 + comando**

A) As asserções I e II são proposições verdadeiras, e a II é uma justificativa correta da I.
B) As asserções I e II são proposições verdadeiras, mas a II não é uma justificativa correta da I.
C) A asserção I é uma proposição verdadeira, e a II é uma proposição falsa.
D) A asserção I é uma proposição falsa, e a II é uma proposição verdadeira.
E) As asserções I e II são proposições falsas.

→ **Alternativas**

Exemplo: Questão 23 da prova de Matemática/Licenciatura de 2017

Considerando que um estudante esteja testando um *software* para calcular o valor da integral $\int_{-2}^{1}\left(\frac{1}{x^2}-5\right)dx$, avalie as asserções a seguir e a relação proposta entre elas.

I. O resultado, $\int_{-2}^{1}\left(\frac{1}{x^2}-5\right)dx = -\frac{33}{2}$ apresentado pelo *software*, está correto.

PORQUE

II. A primitiva da função $f(x) = \frac{1}{x^2} - 5$ é a função $F(x) = -\frac{1}{x} - 5x$ e, pelo Teorema Fundamental do Cálculo, conclui-se que

$$\int_{-2}^{1}\left(\frac{1}{x^2}-5\right)dx = \left(-\frac{1}{x}-5x\right)\bigg|_{-2}^{1} = \left(-\frac{1}{1}-5\cdot 1\right) - \left(-\frac{1}{(-2)}-5(-2)\right) = -\frac{33}{2}.$$

A respeito dessas asserções, assinale a opção correta.

A) As asserções I e II são proposições verdadeiras, e a II é uma justificativa correta da I.
B) As asserções I e II são proposições verdadeiras, mas a II não é uma justificativa correta da I.
C) A asserção I é uma proposição verdadeira, e a II é uma proposição falsa.
D) A asserção I é uma proposição falsa, e a II é uma proposição verdadeira.
E) As asserções I e II são proposições falsas.

Exemplo: Questão 12 da prova de Administração de 2018

Definir metas empresariais é algo desafiador, especialmente quando há muita incerteza envolvida. Como definir metas para os próximos 12 meses quando sua empresa está crescendo (ou mudando) muito rapidamente? As empresas do Vale do Silício resolveram esse problema adotando o *framework* de definição de metas OKR (*objectives and key results*). Um OKR tem dois componentes, o objetivo (o que queremos atingir) e um conjunto de *key results* (como sabemos se estamos chegando lá). Os diferenciais da metodologia OKR são a simplicidade do processo, os ciclos curtos de verificação e a participação e o engajamento de todos os colaboradores. O OKR existe para manter o alinhamento e a cadência da organização, sendo seu objetivo garantir que todos estejam caminhando na mesma direção e trabalhando com prioridades claras.

Disponível em: https://startupi.com.br/2016/02/okr-defina-metas-como-o-silicon.valley/.
Acesso em: 29 jul. 2018 (adaptado).

Considerando o texto apresentado, avalie as asserções a seguir e a relação proposta entre elas.

I. O método OKR de planejamento e gestão estratégica é uma resposta das empresas inovadoras ao complexo ambiente corporativo da atualidade.

PORQUE

II. Um dos princípios do planejamento e gestão estratégica é a busca dos resultados esperados pela empresa, independentemente da ferramenta ou do método utilizados para tal fim.

A respeito dessas asserções, assinale a opção correta.

A) As asserções I e II são proposições verdadeiras, e a II é uma justificativa correta da I.
B) As asserções I e II são proposições verdadeiras, mas a II não é uma justificativa correta da I.
C) A asserção I é uma proposição verdadeira, e a II é uma proposição falsa.
D) A asserção I é uma proposição falsa, e a II é uma proposição verdadeira.
E) As asserções I e II são proposições falsas.

Exemplo: Questão 29 da prova de Geografia/Bacharelado de 2017

No Brasil, existem fortes regionalismos na política, porém estes se encontram mascarados pelo forte e bem construído imaginário da unidade nacional. Esta afirmação seria uma banalidade, pois, afinal, mesmo em Estados nacionais pequenos, como Portugal e Bélgica, há regionalismos, não fosse a herança do mito fundador do Estado brasileiro, cujo legado colonial é um imenso território habitado por um povo irmão, composto de homens cordiais, que falam o mesmo idioma do Oiapoque ao Chuí, que nunca viveu guerras fratricidas ou de secessão (com pequenas exceções que a história não pode esconder, mas analisa como casos isolados).

As diferenças territoriais, na verdade, têm sido percebidas e discutidas muito mais a partir do avanço das relações capitalistas de produção, responsáveis pelas transformações que tornam aquelas diferenças mais visíveis no território nacional. Essas diferenças e seus correlatos sociais são percebidos como basicamente econômicos e não chegam a alterar o imaginário da homogeneidade nacional, o que dificulta a percepção do componente conflituoso dos interesses regionais, que nem sempre podem ser reduzidos ao sistema produtivo.

CASTRO, I. E. *Geografia e política*: território, escalas de ação e instituições. 2. ed. Rio de Janeiro: Bertrand Brasil, 2009 (adaptado).

Considerando a divisão territorial brasileira, avalie as asserções a seguir e a relação proposta entre elas.

I. A criação de novos estados da Federação envolve interesses difusos, que se colocam na luta por representatividades de interesses locais e mascaram seu caráter regional.

PORQUE

II. Apesar da diversidade de projetos de desmembramentos dos atuais estados federados brasileiros, a análise da legislação sobre o assunto, à luz da Constituição de 1988, e as questões estruturais da vida política indicam que, na prática, são remotas as chances de sucesso de tais projetos.

A respeito dessas asserções, assinale a opção correta.

A) As asserções I e II são proposições verdadeiras, e a II é uma justificativa correta da I.
B) As asserções I e II são proposições verdadeiras, mas a II não é uma justificativa correta da I.
C) A asserção I é uma proposição verdadeira, e a II é uma proposição falsa.
D) A asserção I é uma proposição falsa, e a II é uma proposição verdadeira.
E) As asserções I e II são proposições falsas.

2.3.1.5 Item objetivo do tipo "resposta múltipla ou resposta complexa"

Este tipo de item consiste em apresentar, após o texto-base, três ou quatro afirmações relacionadas com o tema enunciado, e uma chave de respostas, em que são apresentadas as alternativas. Para responder a esse item, o estudante deve analisar se as afirmações são verdadeiras ou falsas em relação à temática e ao contexto propostos, e identificar a chave de resposta que corresponde ao resultado da análise ou avaliação. Esta modalidade, geralmente, é usada para avaliar habilidades complexas.

Exemplo: Questão 10 da prova de Direito de 2018

> A autoridade máxima da Constituição, reconhecida pelo constitucionalismo, vem de uma força política capaz de estabelecer e manter o vigor normativo do texto. Essa magnitude que fundamenta a validez da Constituição, desde a Revolução Francesa, é conhecida com o nome de poder constituinte originário. Como o poder constituinte originário traça um novo sentido e um novo destino para a ação do poder político, ele será mais nitidamente percebido em momento de viragem histórica. [→ Texto-base]
> MENDES, G. F.; BRANCO, P. G. G. *Curso de direito constitucional*. 13. ed. São Paulo: Saraiva, 2018 (adaptado).
>
> A partir do excerto apresentado, avalie as afirmações a seguir. [→ Enunciado 1 + comando]
>
> I. O poder constituinte originário existe para ordenar e limitar juridicamente os poderes do Estado.
> II. O poder constituinte originário é ilimitado, visto que o povo outorga liberdade irrestrita para que o legislador originário estabeleça uma nova Constituição, conferindo ao estado a forma de direito que lhe aprouver.
> III. Uma das características da natureza jurídica do poder constituinte originário é ser ele incondicionado, não se sujeitando a formas prefixadas para operar, bem como não estando vinculado às convenções anteriores que formavam a base da ordem jurídica revogada. [→ Assertivas para análise]
>
> É correto o que se afirma em [→ Enunciado 2 + comando]
>
> A) I, apenas.
> B) II, apenas.
> C) I e III, apenas.
> D) II e III, apenas.
> E) I, II, e III. [→ Alternativas]

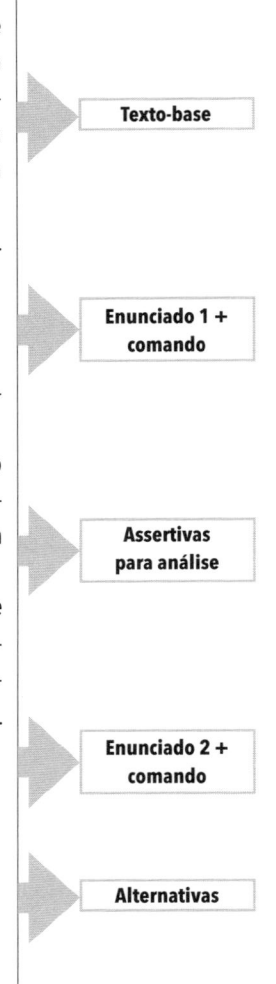

Exemplo: Questão 21 da prova de Matemática/Licenciatura de 2017

Seis estudantes se inscreveram para um campeonato escolar de xadrez: três meninas, das quais duas são irmãs gêmeas, e três meninos. Na primeira rodada serão formadas as três duplas de adversários por sorteio, da seguinte forma: o primeiro jogador é sorteado entre os seis participantes; o segundo é sorteado entre os cinco restantes; o terceiro entre os quatro restantes; o quarto, entre os três restantes. A primeira dupla é formada pelo primeiro e o segundo sorteados; a segunda dupla é formada pelo terceiro e pelo quarto sorteados; a terceira dupla é formada pelos dois últimos que não foram sorteados.

Considerando essas condições a respeito da formação das duplas de adversários na primeira rodada do campeonato, avalie as afirmações a seguir.

I. A probabilidade de as gêmeas se enfrentarem é de $\frac{1}{15}$.
II. A probabilidade de a primeira dupla sorteada ser de meninos é de $\frac{1}{5}$.
III. A probabilidade de a primeira dupla sorteada ser composta por uma menina e um menino é de $\frac{3}{5}$.

É correto o que se afirma em

A) I, apenas.
B) II, apenas.
C) I e III, apenas.
D) II e III, apenas.
E) I, II e III.

Exemplo: Questão 15 da prova de Engenharia de Produção de 2017

Suponha que determinado programa de computador seja executado por meio de 13 etapas, com tempo médio de 50 segundos ao todo e dispersão relativa de 10% em torno da média.

Considere que uma equipe de engenharia propõe um novo algoritmo que reduz em 30% o tempo de execução de todas as 13 etapas desse programa.

Nesse contexto, avalie as afirmações a seguir, a respeito do tempo de execução do novo algoritmo.

I. O tempo médio por etapa será de 32,5 segundos.
II. O desvio-padrão permanecerá inalterado.
III. A dispersão relativa em torna da média permanecerá inalterada.

É correto o que se afirma em

A) I, apenas.
B) III, apenas.
C) I e II, apenas.
D) II e III, apenas.
E) I, II e III.

FINALIZANDO

A intenção deste livro é tornar mais palatável o caminho do ENADE a todos os que trabalham na formação de graduandos. A autora, em sua jornada de trabalhos voltados para a preparação de estudantes e de professores para a compreensão da prova e de seu estilo, sempre lidou com a falta de material específico para esse fim.

Neste sentido, começou a produzir materiais para utilizar nos cursos que ministrava internamente, a princípio, nos Institutos de Ensino Superior (IES) que leciona. Com o tempo, percebeu que os desafios que encontrava para conseguir material fundamentador para o trabalho eram comuns a outros profissionais que se enveredavam pelos caminhos relacionados ao ENADE. Assim, no primeiro momento, disponibilizou gratuitamente o seu manual que reunia conhecimentos importantes sobre o estilo das questões em uma plataforma acadêmica de amplo acesso, mas depois percebeu que isso não bastava.

Resolveu então que escreveria um livro em tom didático, no qual exporia tudo de mais importante que aprendeu sobre a prova do ENADE. Entretanto, o projeto ficou vários anos parado, e o conhecimento era dado apenas nos cursos que lecionava. Somente agora tal projeto ganhou corpo e poderá, com isso, auxiliar você e sua instituição a se prepararem melhor para o exame e conseguirem melhores resultados nesse importante exame nacional.

Afinal, decorrem do ENADE os seguintes índices avaliativos do curso e da instituição, que impactam diretamente em sua conceituação:

a) Conceito ENADE;
b) Indicador da Diferença entre os Desempenhos Observado e Esperado (IDD);
c) Conceito Preliminar de Curso (CPC); e
d) Índice Geral de Cursos (IGC).

No Conceito Preliminar de Curso (CPC), por exemplo, com exceção dos itens referentes ao corpo docente, todo o restante sai do ENADE, seja da prova e de seu resultado (55% referentes ao desempenho dos estudantes e ao valor agregado pelo processo formativo oferecido pelo curso), seja do questionário respondido pelos estudantes (os 15% referentes à percepção discente sobre as condições do processo formativo).

Quadro 1. Composição do CPC e pesos das suas dimensões e componentes

DIMENSÃO	COMPONENTES	PESOS	
Desempenho dos estudantes	Nota dos concluintes no ENADE (NC)	20%	
Valos agregado pelo processo formativo oferecido pelo curso	Nota do indicador de diferença entre os desempenhos observado e esperado (NIDD)	35%	
Corpo docente	Nota de proporção de mestres (NM)	7,5%	30,0%
	Nota de proporção de doutores (ND)	15,0%	
	Nota de regime de trabalho (NR)	7,5%	
Percepção discente sobre as condições do processo formativo	Nota referente à organização didático-pedagógica (NO)	7,5%	15,0%
	Nota referente à infraestrutura e instalações físicas (NF)	5,0%	
	Nota referente às oportunidades de ampliação da formação acadêmica e profissional (NA)	2,5%	

Fonte: Nota Técnica nº 38/2017, que apresenta a metodologia de cálculo do CPC. Disponível em: http://download.inep.gov.br/educacao_superior/enade/notas_tecnicas/2016/nota_tecnica_n38_2017_cgcqes_daes_calculo_cpc.pdf. Acesso em: 27 jun. 2019.

Portanto, nenhuma instituição que se preze pode se descuidar de um trabalho de formação capaz de dedicar a devida atenção à preparação dos alunos para o ENADE.

Este livro foi composto em Minion Pro 10 pt e
impresso pela gráfica Lis em papel Offset 90 g/m².